Eugeniusz Duda

Das jüdische Krakau

W0316719

Eugeniusz Duda

DAS JÜDISCHE KRAKAU

Stadtführer über jüdische Denkmäler und Gedenkstätten

Bilder: Jacek Balcewicz

vis-à-vis etiuda

Krakau

Copyright © by Eugeniusz Duda, Krakau

Copyright © for this edition by vis-à-vis/Etiuda, Krakau 2003

Bilder: *Jacek Balcewicz*

Projekt der Titelseite: *Dariusz Zieliński*

Übersetzung: *Edyta Kiresztura*

Redaktion und Satz: *Dariusz Zieliński*

Stadtplan von Kazimierz: *Firma Rysunkowa Szelerewicz*

Im Stadtführer wurden Archivbilder aus den Sammlungen des Historischen Museums der Stadt Krakau und des Ethnographischen Museums in Krąkau verwendet.

Der Verlag bedankt sich beim Historischen Museum der Stadt Krakau, daß es Archivbilder zugänglich gemacht hat.

Der Verlag bedankt sich beim Ethnographischen Museum in Krakau, daß es Archivbilder zugänglich gemacht hat.

ISBN: 83-89640-21-X

Verlag vis-à-vis/Etiuda
30-535 Kraków, ul. Rękawka 47/3
Tel.: 012 423-52-74; 0501 419889; 0606 235938
e-mail: visavis_etiuda@interia.pl

Druck: Drukarnia Colonel, Krakau

INHALT:

EINFÜHRUNG

In Krakau sind ungewöhnlich viele Denkmäler der jüdischen Geschichte und Kultur erhalten geblieben. Die meisten befinden sich im Krakauer Stadtteil Kazimierz, wo ein weltweit einmaliger städtebaulicher Komplex der einstigen jüdischen Stadt überdauern konnte. Sie existierte dort seit dem Ende des 14. bis zur Hälfte des 19. Jhs. Die wichtigsten Elemente dieser Anlage sind die historischen Synagogen: die Alte Synagoge, die Neue (Remuh) Synagoge mit dem Friedhof, die Hohe Synagoge, die Popper-Synagoge, die Isaak-Synagoge und die Kupa-Synagoge. Darüber hinaus sind auch andere Baudenkmäler in Krakau erhalten geblieben, die außerhalb dieses historischen Stadtteiles liegen. Wenn auch jünger, sind sie doch Zeugnis für die mannigfaltige Entwicklung der jüdischen Gesellschaft im 19. und 20. Jh. Hierzu gehören beispielsweise: die Fortschrittliche Synagoge in der Miodowa-Straße, der Verwaltungssitz der jüdischen Gemeinde und das ehemalige jüdische Krankenhaus in der Skawińska-Straße sowie zahlreiche Bildungs-, Kultur-, Wohltätigkeits- und Sporteinrichtungen, die von den Krakauer Juden in verschiedenen Stadtteilen errichtet worden sind.

Spärliche Relikte jüdischer Vergangenheit sind im benachbarten Stadtteil Stradom erhalten geblieben, wo Juden sich erst in der zweiten Hälfte des 19. und im 20. Jh. niederliessen. Ebensowenig Spuren gibt es auch im Zentrum von Krakau. Zwar wohnten bereits im 13. Jh. Juden in der Altstadt, aber Ende des 15. Jhs. wurden sie von dort vertrieben und siedelten sich dort erst wieder an, nachdem sie in der zweiten Hälfte des 19. Jhs. die Bürgerrechte erlangt hatten. Da sich ursprüngliche jüdische Häuser auch direkt am Krakauer Marktplatz befunden haben, beginnen wir mit der Stadtbesichtigung von diesem zentralen Punkt aus. Von dort gehen wir die Grodzka-Straße entlang, dann über die Stadtteile Stradom und Kazimierz bis zur ehemaligen jüdischen Stadt – wir legen jenen Weg zurück, den die Juden, die Ende des 15. Jhs. nach Kazimierz vertrieben worden sind, und den viele ihrer Nachkommen im 19. Jh. - als vollberechtigte Stadtbürger - in entgegengesetzter Richtung gegangen sind.

Dieser Teil der Besichtigung Krakaus gliedert sich in zwei Routen:

1. Marktplatz (Rynek Główny) – Bocheńska-Straße

2. Józefa-Straße – Przemyska-Straße

Mit der Shoah sind Orte und Denkmäler verbunden, die im am rechten Weichselufer gelegenen Stadtteil Podgórze erhalten geblieben sind. Diese Orte, das Ghetto-Gelände und das Gelände des Lagers in Płaszów können beim Rundgang:

3. Bohaterów-Getta-Platz – Płaszów

besichtigt werden.

Das Ganze kann man innerhalb eines Tages besichtigen. Denjenigen, die dafür höchstens einige Stunden widmen können, empfehlen wir nur die wichtigsten, im Rahmen der Route 2 beschriebenen Denkmäler - hier auf den grün markierten Seiten.

WICHTIG: **Diese Orte sollten samstags oder an jüdischen Feiertagen nicht besichtigt werden, weil an diesen Tagen der Eintritt in die Synagogen und Friedhöfe nicht gestattet ist. Männer dürfen Synagogen bzw. Friedhöfe nur mit Kopfbedeckung betreten.**

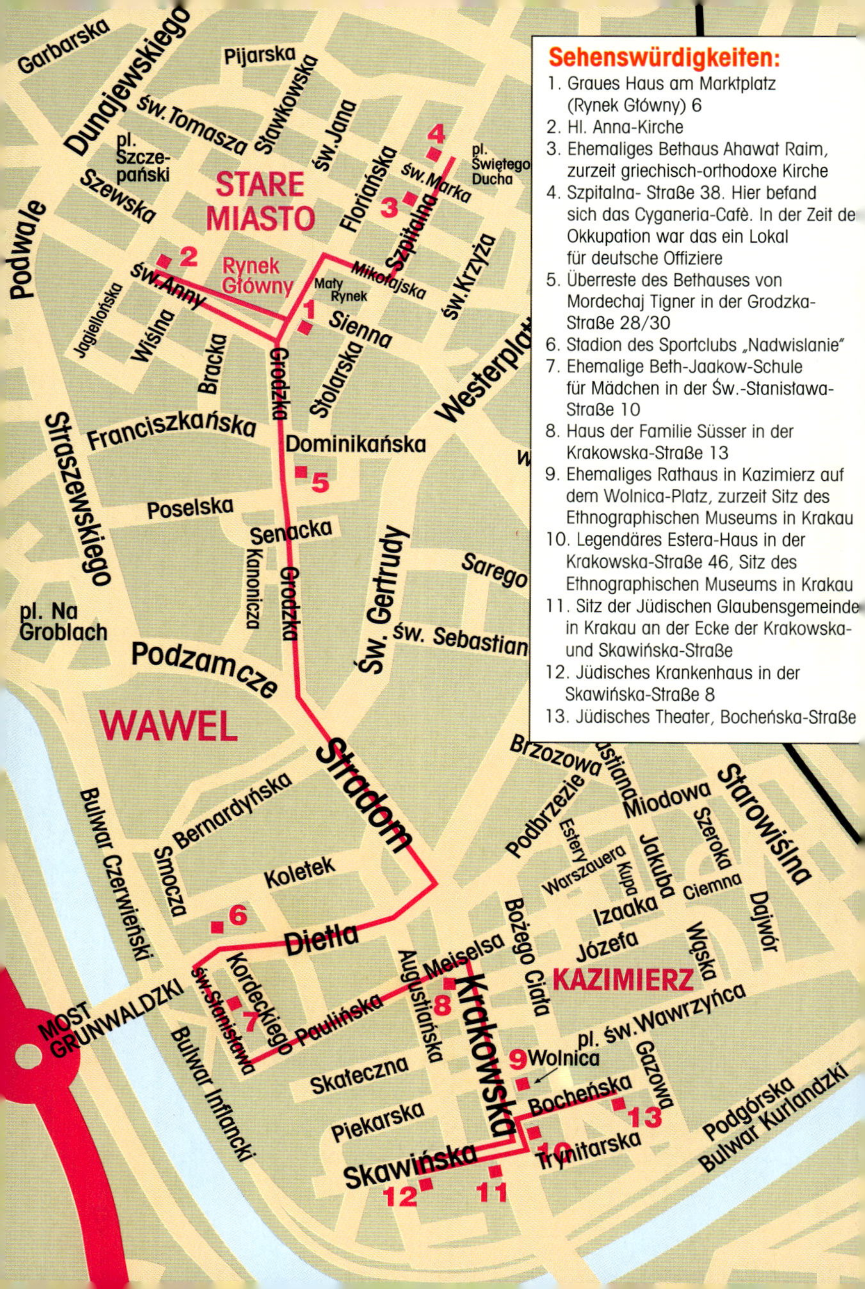

Sehenswürdigkeiten:

1. Graues Haus am Marktplatz (Rynek Główny) 6
2. Hl. Anna-Kirche
3. Ehemaliges Bethaus Ahawat Raim, zurzeit griechisch-orthodoxe Kirche
4. Szpitalna- Straße 38. Hier befand sich das Cyganeria-Cafè. In der Zeit de Okkupation war das ein Lokal für deutsche Offiziere
5. Überreste des Bethauses von Mordechaj Tigner in der Grodzka-Straße 28/30
6. Stadion des Sportclubs „Nadwislanie"
7. Ehemalige Beth-Jaakow-Schule für Mädchen in der Św.-Stanisława-Straße 10
8. Haus der Familie Süsser in der Krakowska-Straße 13
9. Ehemaliges Rathaus in Kazimierz auf dem Wolnica-Platz, zurzeit Sitz des Ethnographischen Museums in Krakau
10. Legendäres Estera-Haus in der Krakowska-Straße 46, Sitz des Ethnographischen Museums in Krakau
11. Sitz der Jüdischen Glaubensgemeinde in Krakau an der Ecke der Krakowska- und Skawińska-Straße
12. Jüdisches Krankenhaus in der Skawińska-Straße 8
13. Jüdisches Theater, Bocheńska-Straße

I. ROUTE:

MARKTPLATZ – BOCHEŃSKA-STRAßE

Der Marktplatz (Rynek Główny) ist der größte (200x200 m) und schönste Platz Krakaus. Er zählt neben dem Markusplatz in Venedig zu den herrlichsten städtebaulichen Lösungen dieser Art in der Welt. Man muss betonen, dass der Platz seit sieben Jahrhunderten ununterbrochen die Rolle des lebendigen Stadtzentrums erfüllt. Er wurde 1257 angelegt, als Fürst Boleslaus der Keusche (Bolesław Wstydliwy) der Stadt das neue Privileg der Stadtgründung verlieh, das sich auf das Magdeburger Stadtrecht stützte. Der geometrischen schachbrettartigen Anlage des Marktes, von dem die Straßen größtenteils rechtwinklig abgehen, stehen die romanisch geprägten Bauten aus der Zeit vor der Verleihung des Stadtrechts entgegen, wie z.B. die Marienkirche, die zu ihrer heutigen Form in den Jahren 1392 – 1397 umgebaut wurde. In dieser Kirche befindet sich u.a. der spätgotische vom Meister Veit Stoß aus Nürnberg in den Jahren 1477 – 1489 geschnitzte Holzaltar. Von dem höheren Turm der Kirche aus ertönt zu jeder vollen Stunde ein auf einer Trompete geblasenes Signal (Hejnał), das allen Polen bekannt ist, weil es mittags vom Rundfunk im ganzen Land übertragen wird.

Einst war der Hauptmarkt dicht bebaut. Hier standen u.a. ein gotisches Rathaus mit Turm, ein Speicher aus der Renaissancezeit, eine große Waage, eine Gießerei, Kramläden und die Tuchhallen. Der von den Kaufleuten genutzte Teil der Tuchhallen ist bis heute erhalten geblieben. Gegenwärtig wird in diesem monumentalen Gebäude (im ältesten Teil romanisch, umgebaut im 16. Jh., renoviert und neu gestaltet im 19. Jh.) nur im Erdgeschoss Handel getrieben, denn im Obergeschoss ist die Galerie der polnischen Malerei des Nationalmuseums in Krakau untergebracht. Unter den dort ausgestellten Werken der hervorragendsten Künstler befinden sich auch Arbeiten von Maurycy Gottlieb (1856 – 1879), der zu den großartigsten polnischen Malern jüdischer Herkunft gehörte. Aus den alten Epochen stammen auch zwei weitere Bauwerke auf dem Marktplatz: die St.-Adalbert-Kirche aus dem 10. Jh. und der einsame Rathausturm – Überrest des Rathauses aus dem 14. Jh., das im 19. Jh. abgetragen wurde. An der St.-Adalbert-Kirche hat der Abgesandte des Papstes Johannes Capistrano während seines Aufenthalts in Krakau im Jahre 1453 seine Hetztiraden gegen die Juden gehalten.

Ein ungleich neueres Objekt, das das Bild des Hauptmarktes jedoch schon deutlich prägt, ist das Denkmal des großen Dichters Adam Mickiewicz, der auch für seine Freundschaft den Juden gegenüber bekannt war. Das Denkmal wurde 1898 von Teodor Rygier geschaffen, 1940 von den Deutschen zerstört und 1955 wiederaufgebaut.

Auf dem Hauptmarkt fanden vor den Augen der Krakauer Einwohner verschiedene staatliche Feierlichkeiten statt. Im Jahre 1525 nahm König Sigismund I. (Zygmunt I) den Lehnseid von Albrecht von Hohenzollern, dem Fürsten von Preußen entgegen. Bei dieser Gelegenheit wurde manchen Untertanen die königliche Gunst bezeigt. Unter ihnen war auch ein Jude, Michał Ezofowicz, der mit der Erhebung jüdischer Steuern in Litauen beauftragt war. Er wurde mit dem Adelstitel und dem Wappen Leliwa vom König belohnt. Ezofowicz hielt aber am jüdischen Glauben fest und war der einzige geadelte und nicht getaufte Jude in der Geschichte der I. Republik Polen. An der Stelle der Huldigung - am Ausgang der Bracka-Straße - wurde eine Gedenktafel mit der Inschrift „Hołd Pruski 1525" - „Preußische Huldigung 1525" eingelassen.

Eine große patriotische Manifestation war der Treueid, den Tadeusz Kościuszko am 24. März 1794 der Nation leistete und der den Beginn des Volksaufstands Polens gegen Russland darstellte. Kościuszko rief die Juden zur Teilnahme am Volksaufstand auf und erklärte sich bereit, ihnen gleiche Bürgerrechte zu verleihen. An der Stelle, wo der Treueid abgelegt wurde, d.h. zwischen dem Rathausturm und der Szewska-Straße, wurde ebenfalls eine Gedenktafel eingepasst.

Graues Haus am Hauptmarkt 6

Aber der Hauptmarkt mit all seinen Bauwerken und den ihn umgebenden Bürgerhäusern war vor allem ein Ort des immer währenden Handels und aller mit ihm verbundenen Tätigkeiten. Hier fehlte es auch nicht an Platz für jüdische Kaufleute und Händler, die stets eine bedeutende Rolle im Krakauer Handel gespielt haben. Traditionsgemäß nahmen sie das Fragment des Hauptmarktes vom Mickiewicz-Denkmal bis zur St.-Adalbert-Kirche ein. Außerdem mieteten sie Läden und Warenlager in vielen Häusern am Marktplatz und in den anliegenden Straßen. Beispielsweise im Haus Nr. 6 waren seit jeher jüdische Geschäfte und Warenlager, sowohl an der Hausfront als auch im Innenhof. Dieses Haus, genannt das Graue Haus, einst Eigentum von Magnatengeschlechtern (Familien Zebrzydowski, Zborowski, Czartoryski), war auch dadurch bekannt, dass sich hier das Hauptquartier von Tadeusz Kościuszko während des Aufstands (1794) und der Sitz der Nationalregierung (1846) befunden haben. Seit der Mitte des 19. Jhs. gehörte das Haus der polonisierten jüdischen Familie Feintuch, die 1894 von ihm den Namen Szarski angenommen hat. Ihr Kolonialwarenladen funktionierte dort bis 1950, als er infolge der „Abneigung” der damaligen Behörden gegen private Unternehmer geschlossen wurde.

In verschiedenen Zeitperioden des 17. und 18. Jhs. hatten die Juden ihre Geschäfte auch in folgenden Bürgerhäusern: im Hippolit-Haus am Marienplatz (Nr. 3), im Hetmanhaus am Marktplatz (Nr. 17), im Haus zu den Widdern an der Ecke des Marktes und der Św-Anny-Straße, und darüber hinaus in den nicht mehr vorhandenen Bauten auf dem Markt, nämlich im Rathaus und im Gebäude der Stadtwaage.

Szpitalna-Straße, einstiges Zentrum von jüdischen Aniquariaten

Die Juden gehörten zu den Pionieren des Buchhandels in Polen. 1806 hat man ihnen in Krakau verboten, mit Büchern hausieren zu gehen. Stattdessen konnten sie gebrauchte Bücher an einigen Stellen auf dem Hauptmarkt, z.B. in der Nähe der St.-Adalbert-Kirche, in der Passage des Hetmanhauses und im Innenhof des Grauen Hauses anbieten. Nach dem Jahre 1836 wurde der Handel auf den Św.-Ducha-Platz (Heiligen-Geist-Platz) verlegt.

Bevor man den Marktplatz verlässt, sollte man unbedingt zwei Straßen am Markt besuchen: die Św.-Anny-Straße und die Szpitalna-Straße.

Die Św.-Anny-Straße führt vom Hauptmarkt zum Universitätsviertel. Ihr folgend kommen wir zur Kreuzung mit der Jagiellońska-Straße, wo sich das älteste Gebäude der Jagiellonen-Universität – das Collegium Maius befindet, das zurzeit das Museum der Universität beherbergt. Anfangs war das ein steinernes Haus an der Ecke der beiden Straßen, das im Jahre 1400 auf Anordnung König Ladislaus Jagiełłos (Władysław Jagiełło) erworben wurde. Zu jener Zeit nahmen das Gebiet der Św.-Anny-Straße, vom Markt bis zu den Stadtmauern hin, jüdische Häuser ein, die dort wenigstens seit der zweiten Hälfte des 13. Jhs. vorhanden waren und mit den Häusern der Christen gemischt waren. Die sich entwickelnde Universität verdrängte allmählich jüdische Gebäude. Die letzten von ihnen, darunter Synagogen und andere Objekte der Gemeinschaft, wurden 1469 aufgekauft. Gleich danach zogen die Juden in die Nähe der Św.-Tomasza-Straße und des Szczepański-Platzes an der nordwestlichen Seite des Marktes um. Zur rechten Seite der Św.-Anny-Straße ragt die St.-Annen-Kirche empor, die in der heutigen Form in den Jahren 1689 – 1705 nach dem Entwurf von Tylman van Gameren erbaut wurde und die anstelle von zwei früheren Kirchen entstand. Dieser Ort ist auf besondere Art und Weise mit der Geschichte der Krakauer Juden verbunden – als Keim des Pogroms im Jahre 1407, der von dem Krakauer Kanoniker Jan Długosz in seiner „Chronik" detailliert beschrieben wurde. Die Św.-Anny-Straße geht auf die Grünanlage Planty heraus, die die ganze Altstadt entlang der ehemaligen Wehrmauern einfassen. Dort befand sich in der mittelalterlichen Stadtmauer die „jüdische Pforte", durch die Juden z.B. zu dem in der Nähe der heutigen Czysta-Straße gelegenen Friedhof gelangten. Von diesem Friedhof und den mittelalterlichen Synagogen sind keine Spuren in Krakau übrig geblieben.

Ehemaliges Gebetshaus Ahawat Raim, zurzeit griechisch-orthodoxe Kirche in der Szpitalna-Straße 24

Von der Św.-Anny-Straße kehren wir auf den Markt zurück, wir überqueren ihn diagonal und gehen in Richtung Marienkirche und dann zum Kleinen Markt, um an seinem Nordende die Szpitalna-Straße zu betreten. Der Name der Straße entstammt den Armenspitälern, die noch im 19. Jh. in der Nähe des Stadttheaters und der gotischen Hl.-Kreuz-Kirche standen. Deren Abriss hing mit dem Bau des Theaters zusammen, das 1891 – 1895 nach dem Enwurf von Jan Zawiejski (einem Nachkommen der schon früher erwähnten jüdischen Familie Feintuch) nach dem Vorbild des

Szpitalna-Straße 38. Hier war das Cyganeria-Café untergebracht. In der Zeit der Okkupation war das ein Café für deutsche Offiziere

Operngebäudes in Paris errichtet wurde.

In der Zwischenkriegszeit war die Szpitalna-Straße eine der besonders charakteristischen Straßen in der Stadt. Ihre Besonderheit machten zahlreiche Antiquariate aus, die hauptsächlich den Juden gehörten, darunter den so berühmten und im Bereich des Buchhandels verdienten Familien wie: Himmelblau, Seiden und Taffet.

In dem alten Haus Nr. 24 wurde zu Beginn des 20 Jhs. das Gebetshaus Ahawat Raim gegründet. 1947 wurde das Objekt von einer griechisch-orthodoxen Pfarrgemeinde in Krakau übernommen.

Unter der Nummer 38 gegenüber dem Stadttheater befand sich das Cyganeria-Café. In der Zeit der Okkupation in den Jahren 1939 – 1945 war es ein Lokal für deutsche Offiziere. Am 22. (oder 24.) Dezember 1942 wurden sie zum Attentatsziel der Krakauer Gruppe der Jüdischen Kampforganisation (Żydowska Organizacja Bojowa), die von Juda Lieber geleitet wurde. An die Aktion der Gruppe erinnert die in die Wand des Gebäudes eingemauerte Gedenktafel.

Gedenktafel am Hause in der Szpitalna-Straße 38, zur Erinnerung an den Überfall der Jüdischen Kampforganisation (ŻOB) auf das Cyganeria-Café

Wir verlassen die Szpitalna-Straße und gehen nochmals über den Marktplatz und dann in die Grodzka-Straße, die ein Bestandteil des sog. Königstraktes ist, der durch die Stadt zum Königsschloss auf dem Wawel führt. Gleichzeitig ist sie ein Teilstück der alten nach Süden führenden Handelsstraße, die Krakau mit den Salzbergwerken in Wieliczka und Bochnia und weiter mit Ungarn verband. Wir überqueren die Kreuzung der Grodzka-Straße mit dem Dominikański-Platz links und mit dem Wszystkich-Świętych-Platz (Allerheiligen-Platz) rechts und gehen an zwei mittelalterlichen Kirchen mit Klosteranlagen vorbei, die dem Dominikanerorden (links) und dem Franziskanerorden (rechts) angehören. Neben der Franziskanerkirche erhebt sich der ehemalige Wielopolski-Palast, zurzeit Amtssitz der Stadtverwaltung, was die davor stehenden Denkmäler von zwei hervorragenden Stadtpräsidenten Krakaus aus der zweiten Hälfte des 19. Jhs. - von Józef Dietl und Mikołaj Zyblikiewicz - hervorheben. Gleich hinter der Kreuzung, im hinteren Teil der Häuser Nr. 28/30 befand sich in der Zwischenkriegszeit ein weiteres Bethaus in der Innenstadt, das von Mordechaj Tigner gestiftet wurde. Es wurde 1913 erbaut und dann 1931 von den Architekten Isaak Goldberger und Israel Messinger umgebaut. Nach dem Zweiten Weltkrieg wurden die Räume des Bethauses einige Zeit vom Musiktheater genutzt, dann stand es viele Jahre verlassen und verwahrlost und geriet unwiederbringlich in Verfall.

Weiterhin die Grodzka-Straße entlang gehend, passieren wir weitere Kirchen: die barocke Peter-und-Paul-Kirche, die romanische St.-Andreas-Kirche und die zur evangelisch-augsburgischen Pfarrgemeinde gehördende St.-Martin-Kirche. Dieser Pfarrei trat ein Teil der Krakauer Juden bei, die sich zur völligen Assimilation und zur Übernahme des christlichen Glaubens entschlossen haben.

Im Hause Nr. 62 funktionierte in den Jahren 1879 – 1939 eine hebräische Druckerei, die bis 1914 von Józef Fiszer geleitet wurde. „Die herrliche Zeit dieser Druckerei fällt in die 90er Jahre dieses Jahrhunderts, als Fiszer im Selbstverlag die Zeitschrift „Hasman" unter der Redaktion von Ruben Ascher Braudes aus Vilnius herauszugeben begann. Als die Zeitschrift 1892 eingestellt wurde, holte Fiszer den Radekteur von „Hamagid", I.Sz. Fuchs aus Berlin und gab die Wochenzeitschrift im Selbstverlag (1892 – 1903) weiterhin heraus. Der Ruhm dieser Druckerei verbreitete

Überreste des Bethauses von Mordechaj Tigner in der Grodzka- Straße 28/30

sich schnell in der ganzen Welt. Angesichts der Zensurschwierigkeiten in Russland (und in Kongresspolen) begannen hebräische Zeitschriften in Krakau eben bei Fiszer zu erscheinen. Hierher kam der berühmte jüdische Philosoph Achad Haam (Ascher Ginsburg) für längere Zeit, um bei Fiszer seine Monatsschrift „Haschiloah" drucken zu lassen. Perec besuchte oft Krakau, um seine herausgegebenen Monatsschriften zu überwachen, Chaim Nachman Bialik hält sich hier längere Zeit auf, Frischman lässt hier seine Werke drucken, auch Mendele Mocher Sforim, Rawnicki, Scholem Alejchem, Schalom Asch und viele andere hebräische und jüdische Schriftsteller kommen für längere oder kürzere Arbeitsperioden zu Fiszer. Im Laufe der Zeit ziehen alle hebräischen Verläge in Fiszers Druckerei um: Achiasaf, Tuschija aus Warschau, Moria aus Odessa. Bei Fiszer ließ der Warschauer Prediger Isaak Cylkow seine ausgezeichnete Übersetzung der Heiligen Schrift ins Polnische drucken. Mit dem Tode von Józef Fiszer (1914) und mit dem Kriegsausbruch endet die Blütezeit der Druckerei" (Bałaban, *Stadtführer /Przewodnik/*, S. 25 – 26).

Am Ausgang der Grodzka-Straße endete das alte Krakau, umgeben von einer Wehrmauer, mit Goldschmiedetor und Pforte. Die Pforte diente den Juden, die aus der jüdischen Stadt Kazimierz auf den Krakauer Markt gingen. Hinter der Mauer erstreckte sich die Vorstadtsiedlung Stradom. Von hier aus – vom Platz mit der St-Ägidius-Kirche (aus dem 11. Jh., umgebaut im 14. Jh.) - bietet sich ein Ausblick auf die Ostwand des Königsschlosses auf dem Wawel.

Mindestens seit dem 8. Jh. gab es auf dem Wawelhügel eine Wehrburg des Stammes der Wislaner (Wiślanie). Seit dem 10. Jh. war der Wawel eine der fürstlichen Residenzen und seit dem Jahre 1000 war es die ständige Residenz der Krakauer Bischöfe. Seit dem 11. Jh. errichtete man dort einen Komplex von sakralen und profanen steinernen Bauten mit Wehrcharakter, stufenweise umgestaltet in der Gotik (14. Jh.), in der Zeit der Renaissance (16. Jh.) und umgebaut in der Barockepoche. Das Schloss erlitt schwere Zerstörungen während der Schwedischen Überfälle (1655 – 1657), der österreichischen Besatzung (bis 1911 befanden sich dort Kasernen) und der deutschen Okkupation (1939 – 1945), als es zur Residenz von Generalgouverneur Hans Frank wurde. Damals wurden Ställe und königliche Küchen abgerissen, in den gotischen Gemächern Kasimirs des Großen richtete man eine Bierstube und im Senatorensaal - ein Kino ein. Viele Kunstwerke wurden damals ins Reich verschleppt. Nach dem Zweiten Weltkrieg wurde das Schloss restauriert. Das dort eingerichtete Museum sowie andere Sehenswürdigkeiten auf dem Wawelhügel werden jedes Jahr von Tausenden von Besuchern aus Polen und der ganzen Welt besichtigt. Das wichtigste Objekt auf dem Wawel ist neben dem Schloss der Dom, der das polnische Pantheon, die Ruhestätte der Könige aus der Piasten-, Jagiellonen- und Vasa-Dynastie sowie der Nationalhelden, darunter Tadeusz Kościuszko und Józef Piłsudski, ist.

Im Zusammenhang mit dem Wawel sollte man dem berühmtesten polnischen Herrscher, Kasimir dem Großen (Kazimierz Wielki, 1333 – 1370) einige Worte widmen. Unter seiner Regierungszeit wurde Polen vereinigt und schlug den Weg der schnellen zivilisatorischen Entwicklung ein. Er blieb auch in dankbarer Erinnerung der Juden, denen er umfangreiche Privilegien (1364 und 1367) verliehen und die er als nützliche Ansiedler angesehen hatte, die zur Entwicklung der Städte und der Waren- und Geldwirtschaft des Landes beitrugen. Wie über jedem herausragenden Menschen waren auch über ihm viele wahre und unwahre Geschichten in Umlauf. Eine von ihnen erzählt von seiner Liebe zu Ester, der schönen Tochter eines jüdischen Schneiders aus Opoczno. Der König liebte sie um so mehr, dass sie ihm neben den namentlich nicht bekannten Töchtern auch zwei Söhne – Niemir und Pełka schenkte, Söhne, die er aus seinen legalen Ehen nicht hatte. Die Töchter blieben bei der Mutter, erzogen im jüdischen Glauben, die Söhne hingegen wurden vom Vater gut ausgestattet und sind in das christliche Umfeld eingegangen. Für Ester ließ der König ein Schloss im Krakauer Łobzów erbauen (in diesem Zusammenhang werden auch Schlösser in Bochotnica und Niepołomice erwähnt). Das Haus von Ester soll sich auch in Kazimierz in der Krakowska-Straße 46 befinden. Es sollte einen heimlichen unterirdischen Durchgang zum Wawel haben. Ein ersichtliches Relikt der Legende ist der Name einer Gasse in der jüdischen Stadt Kazimierz – die Estera-Straße.

Der Wawel war für die Juden ein besonders wichtiger Ort. Die Juden unterstanden nämlich nicht den Stadtbehörden, sondern dem König selbst, der die Obhut über sie ausübte und von ihnen Steuern eintrieb. Die Könige übten ihre Macht über die Juden nicht direkt, sondern über die Wojewoden aus, aber in solch wesentlichen Angelegenheiten wie der Genehmigung von Generalprivilegien oder in dringenden Fällen, die sofortiges Eingreifen des Monarchen erforderten, wandten sich jüdische Delegationen direkt an den König.

Legendäres Ester-Haus in der Krakowska- Straße 46,
Sitz des Ethnographischen Museums in Krakau

Von dem Wawel begeben wir uns in die Stradom-Straße. Gleich am Anfang begegnen wir zwei Kirchen: der Bernhardinerkirche (1680) rechts und der Missionarenkirche (1719 – 1732) links.

Bis zum Jahre 1800 war Stradom eine administrativ von Krakau unabhängige Siedlung. In der Zeit der Freien Stadt Krakau (1815 – 1846) konnten sich dort nur die sich assimilierenden Juden ansiedeln. In der zweiten Hälfte des 19. Jhs. nahm die Anzahl der in Stradom lebenden Juden ziemlich schnell zu. Unter der Nummer 18 hatte Salomon Deiches, der stellvertretende Vorsitzende des jüdischen Glaubensrats sein Haus. Das Haus Nr. 22 gehörte der Familie Gumplowicz. Abraham Gumplowicz gehörte zu den aktivsten Anhängern der kulturellen Assimilation und der Polonisierung der Krakauer Juden. Sein Sohn Ludwik (1838 – 1909) versuchte, sich an der Jagiellonen Universität für den Bereich „Rechtsstatus der Juden in Polen" zu habilitieren und nach der Ablehnung seiner Arbeit zog er nach Graz in Österreich um, wo er als hervorragender Soziologe berühmt wurde und den Lehrstuhl an dortiger Universität übernahm. Das letzte Haus (Nr. 26) in dieser Straße gehörte Marcin Feintuch, einem Vorfahren der polonisierten Familien Szarski (Eigentümer des Grauen Hauses am Krakauer Marktplatz) und Zawiejski. Die Stradom-Straße war bereits in der Zwischenkriegszeit fast vollständig von Juden bewohnt und hatte einen typischen Handelscharakter. Man sollte hinzufügen, dass in den 30er Jahren im Hause Nr. 10 eine Handelsmittelschule untergebracht war. Der Schuldirektor war Samuel Stendig, ein Philologe, zionistischer Aktivist und Publizist, ermordet 1942 in Lemberg (Lwów).

Die Stradom-Straße endet an der Kreuzung mit der Dietla-Straße. Die Dietla-Straße entstand anstelle des 1878 – 1880 zugeschütteten Flussbetts der Alten Weichsel und verdankt ihren Namen dem Ideengeber dieses Unterfangens, Józef Dietl, dem Arzt und hervorragenden Präsidenten der Stadt Krakau in den Jahren 1866 – 1875. Die Dietla-Straße mit einer breiten Grünanlage zwischen zwei Fahrbahnen (die Straßenbahnlinie entstand erst 1969) war für die damalige Zeit eine moderne städtebauliche Lösung. Dank dieser Maßnahme verbesserten sich die Gesundheitsbedingungen in dieser Gegend beachtlich und die Stadt gewann neue Baugebiete, die schnell modern bebaut wurden. In der Bautätigkeit spielten die Juden - Investoren, Bauunternehmer und Architekten - eine große Rolle. Die jüdische Bevölkerung nahm bald einen großen Teil dieser „neuen Welt” ein, wie man diese Gebiete – ohne zu übertreiben - im Gegensatz zu den engen Winkelgassen des alten Kazimierz bezeichnete. In dieser Straße entstanden neben den bequemen Wohnhäusern auch wichtige Sozialeinrichtungen. Unter der Nummer 64 wurde beispielsweise ein neuer Sitz der Jüdischen Waisenanstalt in den Jahren 1872 – 1875 errichtet. Nach dem Ersten Weltkrieg wurde sie dank der Hilfe der sich im Ausland aufhaltenden Krakauer Juden wesentlich ausgebaut. Es war in bedeutendem Maße ein Verdienst von Róża Rock, die in der Vorstandführung der Anstalt war. Nach ihrem Tode wurde die Anstalt nach ihrem Namen als Annerkennung für ihre Verdienste benannt.

In der Zwischenkriegszeit entwickelte sich die jüdische Sportbewegung in Krakau erheblich. Es entstanden einige Sportclubs wie: Makkabi, Jutrzenka und Hagibor. Der Makkabi-Club, der stärkste unter ihnen, wurde schon im Jahre 1909 gegründet und hatte einige Sportsektionen. Die größten Erfolge errangen Fußballspieler, Leichtathleten und die Wasserballmannschaft, die mit den Besten um die Meisterschaft Polens kämpfte. In der Dietla-Straße, in der Nähe der Weichsel und des Wawelschlosses, befanden sich das Sportstadion des Clubs (heute dient es dem Club Nadwiślanie) und ein Anlegeplatz für Ruderboote.

Wir überqueren die Kreuzung der Dietla-Straße mit der Stradom- und Krakowska-Straße und betreten Kazimierz.

In Bezug auf die Informationen zur Alten Weichsel soll man zum besseren Verstehen hinzufügen, dass Kazimierz in Wirklichkeit eine Insel war, die von Gewässern des Hauptflussbetts der Weichsel und eines älteren Flussarms umströmt wurde. Die Siedlungen auf diesem Gebiet waren schon im frühen Mittelalter vorhanden. Im Jahre 1335 legte König Kasimir der Große hier eine neue Stadt an, die nach seinem Namen benannt wurde. 1340 vergrößerte sich die Stadtfläche um das vom König geschenkte Dorf Bawół. Noch im 14. Jh. wurde die Stadt von einer Wehrmauer mit vier Toren umgeben: Krakauer Tor im Norden, Wielicka- und

Bocheńska-Tor im Süden und Skawińska-Tor im Westen. Die Grundlage der Wirtschaft von Kazimierz bildeten Handel und Handwerk, darunter insbesondere die Tuchherstellung. Der größte Handelsplatz der Stadt war der Hauptmarkt (188x141m) mit einem gemauerten Rathaus, einer städtischen Waage und den Tuchhallen nach dem Vorbild der Krakauer Tuchhallen. An der Nordostecke des Marktes wurde die Pfarreikirche – Fronleichnamskirche - errichtet, die 1340 von König Kasimir dem Großen gestiftet wurde. Sie wurde aber erst in der Mitte des nächsten Jahrhunderts von den Lateranischen Chorherren beendet, die von König Ladislaus Jagiełło im Jahre 1405 nach Kazimierz herbeigerufen wurden. In der zweiten Hälfte des 14. Jhs. setzte der Bau des zweiten wichtigen Gotteshauses von Kazimierz, der St.-Katharinen-Kirche, ein, die von König Kasimir dem Großen für den Augustinerorden gestiftet wurde. Zu einem wichtigen Kultzentrum wurde Skałka (poln. „felsige Erhebung"), die die älteste Siedlungsstätte von Kazimierz ist. Die erste Kirche auf Skałka wurde sehr früh errichtet. 1079 wurde dort der Krakauer Bischof Stanislaus aus Szczepanów von König Boleslaus dem Kühnen (Bolesław Śmiały) getötet. Der wachsende Kult des ermordeten Bischofs übte großen Einfluss auf die späteren Geschicke der Kirche und des Klosters der 1472 auf Skałka angesiedelten Pauliner aus.

Auf dieser Seite der Dietla-Straße schauen wir kurz in die Querstraßen: Orzeszkowa- und Św.-Stanisława-Straße. In der Orzeszkowa-Straße Nr. 7 befand sich in der Zwischenkriegszeit die Redaktion und Druckerei der am meisten gelesenen Tageszeitung der Krakauer Juden, „Nowy Dziennik" (Neue Tageszeitung). Im Hause in der Św.-Stanisława-Straße Nr. 10 (gebaut 1929 nach dem Entwurf von S. Singer und J. Eintracht) hatte die Beth-Jaakow-Schule für Mädchen aus orthodoxen Familien ihren Sitz. Die erste derartige Schule entstand 1917 in Krakau auf Anregung von Sarah Schenierer. In den nächsten Jahren entstanden Beth-Jaakow-Schulen in vielen Ländern Europas und in den USA. In Krakau entstand ebenfalls ein Seminar, das Lehrerinnen für das Netz dieser Schulen ausbildete. Diese Entwicklung war möglich dank der Unterstützung der orthodoxen Bewegung „Agudas Isroel"

Gedenktafel am Gebäude der ehemaligen Beth-Jaakow-Schule für Mädchen in der Św-Stanisława- Straße 10

und durch das persönliche Engagement des Senators Moses Deutscher, des Organisators der Krakauer Zentrale sowie aller großen Beth-Jaakow-Einrichtungen.

Von der Św. Stanisława-Straße kehren wir in die Krakowska-Straße zurück, die Hauptroute unserer Wanderung.

Haus der Familie Süsser in der Krakowska-Straße 13, um 1900

Die Juden, die sicherlich bereits im 14. Jh in Kazimierz aufgetaucht, und Ende des 15. Jhs. massenweise hierher gekommen sind, bewohnten einst lediglich ein Fünftel der Stadt. Sie entwickelten breite wirtschaftliche Tätigkeit im christlichen Kazimierz erst nach 1776, nachdem sie den Kampf um das Recht auf Handelstätigkeit in Krakau mit der dortigen Kongregation der Kaufleute verloren hatten. Ab 1816 konnten sie sich ohne Hindernisse im ganzen Kazimierz niederlassen. Im Laufe des 19. Jhs. und in den ersten Jahrzehnten des 20. Jhs. verwandelte sich Kazimierz allmählich in ein typisches jüdisches Viertel. Wenn man die Krakowska-Straße in Richtung Wolnica-Platz entlang geht, kommt man ausschließlich an Häusern vorbei, die Juden gehörten. Eines der prächtigsten ist das Haus Nr. 13. Es entstand Ende des 18. Jhs. durch die Zusammenfügung zweier benachbarter Häuser zu einem herrlichen barock-klassizistischen Palast. Der Eigentümer des Palastes war damals der Adelige Andrzej Wolf. Am Ausgang des 19. Jhs. gehörte das Haus aber schon der jüdischen Familie Süsser.

Haus der Familie Süsser in der Krakowska-Straße 13

Wir kommen zum Wolnica-Platz, dem einstigen Marktplatz von Kazimierz. Dieser zurzeit nicht so breite Platz kam hinsichtlich seiner Größe dem Krakauer Marktplatz gleich. Er wurde übrigens ähnlich angelegt: mit einem Rathaus in der Mitte und der Fronleichnamskirche an der Nordostecke, was an die Lage der Marienkirche in Krakau erinnert. Das Rathaus von Kazimierz stammt aus dem 14. Jh. Im Jahre 1830, als das Gebäude die Funktion des Rathauses nicht mehr ausübte, fand hier die staatliche Grundschule für jüdische Kinder ihren Sitz. An der Ostwand des Rathauses befindet sich die Replik eines Flachreliefs von Henryk Hochman (1879 – 1943) „Aufnahme der Juden in Polen". Sie wurde nach dem Orginal aus dem Nationalmuseum in Warschau geschaffen und anlässlich des Besuchs des Bürgermeisters von Jerusalem,

Ehemaliges Rathaus von Kazimierz auf dem Wolnica-Platz, zurzeit Sitz des Ethnographischen Museums in Krakau

Ehud Olmert, in Krakau angebracht. Sie ersetzte das ursprüngliche Flachrelief, das sich vor 1939 an der Nordwand des Rathauses befand und in der Zeit der deutschen Okkupation von Krakau in den Jahren 1939 - 1945 entfernt wurde. Ähnliches Schicksal wurde noch einem Flach-

Replik des Falchreliefs von Henryk Hochman „Aufnahme der Juden in Polen" am ehemaligen Rathaus von Kazimierz auf dem Wolnica-Platz

Sitz der Jüdischen Glaubensgemeinde in Krakau an der Ecke der Krakowska- und Skawińska-Straße

relief von Hochman „Königin Hedwig" („Królowa Jadwiga") zuteil, das das Innere des Gebäudes der Jüdischen Gemeinde in der Krakowska-Straße schmückte.

Das erwähnte Gebäude der Jüdischen Gemeinde befindet sich an der nahen Ecke der Krakowska-Straße (Nr. 45) und der Skawińska-Straße (Nr. 2). Die Verlängerung der Skawińska-Straße bildete früher die Südgrenze des Marktes von Kazimierz. Das Gebäude wurde 1911 nach dem Entwurf von Herman Lamensdorf errichtet. In der Zwischenkriegszeit hatten hier manche andere Einrichtungen ihren Sitz. Im Erdgeschoss war die judaistische Bibliothek Ezra untergebracht, die 1899 von der „Gruppe der Fortschrittlichen": Leon Horowitz (damaliger Vorsitzender der Gemeinde), Herman Hirsch, Ossias Thon, Zygmunt Klein, Juliusz Schönwetter und einigen anderen gegründet wurde. Die Büchersammlung der Bibliothek ist im Zweiten Weltkrieg verloren gegangen. Im ersten Stock des Gebäudes befanden sich Büros der Gemeindeverwaltung, im zweiten Stock hingegen ein representativer Sitzungssaal und ein Archiv. Eine Rarität in diesem Archiv war eine illuminierte Handschrift der ben. Während des Zweiten Weltkriegs ist die Bibel aus Krakau verschwunden. Nach einiger Zeit wurde sie in einer deutschen Bibliothek gefunden und dann gelangte sie in die Sammlungen der National- und Universitätsbibliothek in Jerusalem.

Gebäude des jüdischen Krankenhauses in der Skawińska-Straße 8 früher ....

hebräischen Bibel aus dem 14. Jh. Sie stammte wahrscheinlich aus Regensburg und gelangte mit den Juden nach Krakau, die sich im Mittelalter vor Verfolgungen in Deutschland hierher geflüchtet ha-

Die Verwaltung der Jüdischen Glaubensgemeinde in Krakau hat in diesem Gebäude auch gegenwärtig ihren Sitz. Hier befindet sich neben dem Büro der Gemeinde auch eine Küche und eine Mensa, die den Ge-

... und heute

meindemitgliedern koschere Speisen anbietet.

Mitten in der Skawińska-Straße Nr. 8 befand sich in den Jahren 1822 – 1939 ein jüdisches Krankenhaus. Das moderne Gebäude des Krankenhauses wurde auf Initiative von Dr. Józef Oettinger in den Jahren 1861 – 1866 nach dem Entwurf von Antoni Stacherski erbaut. Die intensive Entwicklung des Krankenhauses fiel in die Zwischenkriegsjahre. Das Krankenhaus war mit modernen medizinischen Geräten ausgestattet und verfügte über sehr gutes Personal. Damals arbeiteten dort: die Internisten Maksymilian Blassberg und Julian Aleksandrowicz, der Laryngologe Adolf Schwarzbart (Verfasser von vielen wissenschaftlichen Beiträgen, die in führenden medizinischen Fachzeitschriften gedruckt wurden), der Röntgenologe Marcel Spitzer (Verfasser einer Arbeit über Krebs, die mit dem J. Piłsudski-Preis ausgezeichnet wurde), der Neurologe Bernard Bornstein und der Augenarzt Edmund Rosenhauch. Während des Zweiten Weltkriegs arbeitete die Mehrheit des Krankenhauspersonals weiterhin im Gesundheitsdienst im Ghetto in Podgórze und im Konzentrationslager in Płaszów. Seit Kriegsende wird das Krankenhausgebäude vom städtischen Gesundheitsdienst genutzt.

Nicht weit von hier im Hause in der Wietora-Straße Nr. 7, das 1936 erbaut wurde, hatte die Schule „Ognisko Pracy" ihren Sitz. Das war die Fachmittelschule für

Mädchen, in der sie Wäschenähen, Schneiderei, Wirkerei und Hauswirtschaft sowie die an staatlichen Schulen allgemein geltenden Fächer erlernten. Das langjährige Vorstandsmitglied und Schuldirektorin Eliza Fraenkel machte sich um die Entwicklung der Schule besonders verdient.

Wir verlassen die Skawińska-Straße und kommen zum Wolnica-Platz, um entlang der südlichen Straßenfront zur Bocheńska-Straße zu gelangen. In dem Gebäude in der Bocheńska-Straße Nr. 4, dass unmittelbar vor dem Ersten Weltkrieg nach dem Entwurf von Henryk Lamensdorf errichtet wurde, befand sich das Bethaus Szejrit Bne Emuna. Viele Jahre nach 1945 stand das Gebäude verlassen. Nach der Umgestaltung des Gebäudes in den 90er Jahren fanden hier Einrichtungen des Gesundheitsdienstes und eine didaktische Anstalt des Collegium Medicum der Jagiellonen-Universität ihren Sitz.

Man sollte noch einer Stelle in dieser Straße seine Aufmerksamkeit schenken. Es ist das Gebäude Nr. 7, in dem seit 1926 die ständige Bühne des Jüdischen Theaters in Krakau untergebracht war. Zu dessen Entstehung trugen erheblich Aktivisten des Krakauer Bundes und Liebhaber jüdischen Theaters bei: Moses Kanfer, Abraham Seidenfeld, Fryderyk Freund, Maurycy Fiszer sowie zwei jüdische Dichter: Mordechaj Gebirtig und Ber Horowitz. Anlässlich der Eröffnung der Bühne am 13. Oktober 1926 wurde das in jenem Jahr von Alter Kacyzne geschriebene Stück „Dukus" {„Fürst"} aufgeführt. Regie führte Jonasz Turkow, ein aus Warschau nach Krakau herbeigeholter Schauspieler und Regisseur. Im Theater in der Bocheńska-Straße traten hervorragende Schauspieler und die besten Theatertruppen jener Zeit mit Gastspielen auf. Die Truppe aus Vilnius spielte dort „Dybuk" und „Tag und Nacht" („Dzień i noc") von An-Ski sowie „Eifersucht" („Zazdrość") von Arcybaszew. Hier traten die berühmte Ida Kamińska, die Familie Turkow, Szymon Dżigan und Israel Schumacher auf. Darüber hinaus hatte das Theater eine eigene Schauspielertruppe. Dadurch konnte es sein Publikum unterhalten und bewegen, indem es aus den reichen Beständen der jüdischen Literatur schöpfte.

Nach 1945 war die Bühne in der Bocheńska-Straße von dem Laientheater der Eisenbahner viele Jahre lang genutzt. Ende der 80er Jahre wurde die Bühne dennoch geschlossen und damit endete die Theaterepisode in der Geschichte des Hauses Nr. 7.

Sehenswürdigkeiten:

1. Józefa-Straße
2. Hohe-Synagoge, Józefa-Straße 38
3. Józefa-Straße 42 ehemaliges Bethaus Kowea Itim l'Tora
4. Alte Synagoge
5. Popper-Synagoge
6. Ritualbad (Mikwe) in der Szeroka- Straße 6
7. Remuh-Synagoge
8. Alter Friedhof an der Remuh-Synagoge
9. Isaak-Synagoge
10. Kupa-Synagoge
11. Nowy-Platz
12. Zentrum der Jüdischen Kultur
13. Ehemaliges Bethaus der Psalmvereinigung an der Ecke der Meiselsa- und Bożego Ciała-Straße
14. Fortschrittliche Synagoge, genannt Tempel
15. Ehemaliges Hebräisches Gymnasium an der Ecke der Podbrzezie- und Brzozowa-Straße
16. Brzozowa-Straße 6 - ehemaliges Bethaus von Salomon Deiches
17. Neuer Friedhof in der Miodowa-Straße
18. Haus in der Bogusławskiego-Straße 5, in dem Ossias Thon gewohnt hat

II. ROUTE:

JÓZEFA-STRAßE – PRZEMYSKA-STRAßE

Ansicht von Kazimierz von Osten. Links Fronleichnamkirche. Rechts Fragment der jüdischen Stadt mit der Alten Synagoge, um 1870

Die Józefa-Straße war der Haupttrakt, der das christliche und jüdische Kazimierz verband. Der Straßenname soll an den Aufenthalt des Österreichischen Kaisers, Josef II., in Kazimierz erinnern. Früher wurde sie Sukiennicza-Straße, dann Żydowska-Straße (Jüdische-Straße) genannt. Der Anfang der Straße von der Krakowska-Straße zur Kreuzung mit der Bożego Ciała-Straße gehörte nicht zur jüdischen Stadt. Diese fing erst von dieser Kreuzung an, aber das betrifft erst das 17. Jh., als Gebiete an der Nordseite der Józefa-Straße von der Jakuba- bis zur Bożego Ciała-Straße der jüdischen Stadt angeschlossen wurden.

Józefa- Straße, 30er Jahre des 20. Jhs.

Innenhof zwischen der Józefa- und Rabina-Meiselsa-Straße

Die Straße bewahrte recht viel von ihrer einstigen, ziemlich verschlafenen, kleinstädtischen Atmosphäre. Die Erdgeschosse der Häuser werden weiterhin zu Handelszwecken genutzt, aber der Charakter dieser Tätigkeit hat sich wesentlich verändert. Die Mehrheit der kleinen Geschäfte und Handwerkstätten ist verschwunden und wurde durch Kunstgalerien, kleine Trödelgeschäfte, Antiquariate, Cafés und Hotels ersetzt.

Auf der rechten Seite der Józefa-Straße erheben sich alte Klostergebäude (Nr. 9 und 11), in denen eine von den Ordensbrüdern des Fronleichnamsklosters geführte Pfarrschule untergebracht war. Die in die christliche Stadt und nach Krakau gehenden Juden mussten im 16. und 17. Jh. Gebühren zugunsten der Schule zahlen. Die Schuljugend erpresste von ihnen auch übliche Geldleistungen, sog. „kozubalec", pro Korb mit Ware, was die Ursache für häufige laute Szenen auf der Straße war.

Jüdische Jugendlichen an der Ecke der Bożego-Ciała- und Św.-Wawrzyńca-Straße

Die eigentliche jüdische Stadt fing an der Kreuzung der heutigen Józefa- und Jakuba-Straße an. An der Stelle des heutigen Hauses Nr. 36 stand noch Ende des 19. Jhs. ein Renaissancehaus, das 1536 von Giovanni Cini aus Siena und Filip aus Fiesole für Jonas, den Sohn von Abraham, erbaut wurde. An der Wende des 16. Jh. zum 17. Jh. gehörte es einem reichen Juden namens Felix, und 1790 Elias Herszlowicz und die Erträge von diesem Hause waren für das Ewige Licht (Ner Tamid) in der Hohen Synagoge bestimmt. Um die Wende des 18. /19. Jhs. haben hier verschiedene Personen gewohnt: darunter Lipman Krengl, der Großvater von Emanuel Krengl, der später rabbinischer Richter und Verfasser des biographischen Wörterbuchs von bekannten Juden mit dem Titel „Szem Hagedolim Ha-szalem" war. Etwa um 1884 wurde das verlassene Haus abgerissen und einige Jahre später enstand an seiner Stelle ein neues zweistöckiges Haus, das hier bis heute steht.

Józefa- Straße

Auf der Höhe des erwähnten Hauses befand sich das Tor der jüdischen Stadt, das Tag und Nacht von Wächtern bewacht wurde. Sie sollten alle die Stadt betretenden Menschen kontrollieren. „Diese Wächter hatten eine schwierige Aufgabe (...), aber die jüdische Gemeinde hatte auch Probleme mit ihnen, weil sie fremden jüdischen Kaufleuten Geld abzwangen. Außerdem schlossen sie das Tor für Hochzeitszüge ab und erpressten vom Bräutigam, Brautführern und Familie hohe Geldleistungen für den Eintritt in die Stadt. Um solchen Praktiken ein Ende zu machen, setzte Kahal im Statut von 1595 bestimmte Gebühren fest, die die Torwächter vom Bräutigam aus einer fremden Stadt einen Tag nach der Hochzeit einziehen sollten." (Bałaban, *Przewodnik /Stadtführer/,* S. 33 – 34).

Fragment der Józefa- Straße mit der Hohen Synagoge, um 1910

Die Hohe Synagoge

Hinter dem Tor erhob sich eine der ältesten Synagogen der jüdischen Stadt, die sog. Hohe Synagoge. Sie befindet sich unter Nr. 38 in der geschlossenen Bebauung der Józefa-Straße. Die auf einem rechteckigen Grundriss errichtete Synagoge ist mit der kürzeren von vier Strebepfeilern unterstützten Südwand der Straße zugewandt. Zwischen den Strebepfeilern befinden sich drei hohe Rundbogenfenster des Gebetsaals für Männer auf der Höhe des zweiten Stocks.

Diese Synagoge war die drittälteste in der jüdischen Stadt in Kazimierz, nach der Alten und Neuen (Remuh) Synagoge. Sie wurde etwa zwischen 1556 und 1563 in der Nachbarschaft des zuvor erwähnten Hauses des Juden Felix an der Ecke der Józefa- und Jakuba-Straße errichtet. Damals bildeten diese Straßen die Süd- und Westgrenze des jüdischen Stadtteils Kazimierz, das an der Mündung dieser Straßen mit dem Haupttor geschlossen war. Der

Hohe Synagoge, Józefa- Straße 38

Name der Synagoge kommt daher, daß ihr Betsaal im ersten Stock des Gebäudes untergebracht war.

lichen Flügel befanden sich wahrscheinlich seit Anfang des Bestehens der Synagoge Geschäfte, ähn-

Inneres der Hohen Synagoge

Diese untypische Lage des Betsaals bedingten Sicherheitsgründe: die Synagoge stand an dem erwähnten Tor der jüdischen Stadt, also an einem belebten Ort voll von Straßenlärm und in der damals unmittelbaren Nähe zu christlichen Häusern. Der Eingang in die Synagoge führte durch den Flur im schmaleren westlichen Flügel des Ergeschosses. Im breiteren öst-

lich der aus späterer Zeit bekannten Situation.

Bis zur Mitte des 17. Jhs. war lediglich der ursprüngliche Rumpf der Synagoge mit dem rechteckigen Grundriss vorhanden. Ein hoher Ein-Raum-Betsaal für Männer, der den ersten und zweiten Stock einnahm, war von dem nicht mehr vorhandenen Tonnengewölbe überdeckt. Der Saal wurde von Fenstern erhellt, die symetrisch, je drei von Süden und von Norden, eingesetzt wurden. Eines der architektonischen Details der ursprünglichen Innenausstattung der Synagoge, das fragmentarisch bis heute erhalten geblieben ist, ist ein steinerner Altarschrein an der Ostwand. Hinsichtlich seiner Komposition unterschied er sich nicht von den aus anderen Krakauer Synagogen bekannten Lösungen. Sehr interessant war hingegen seine Tür, die Anfang des 17. Jhs. von Zelman und Chaim, den Söhnen von Aron, geschaffen wurde. Die zweiflügelige Tür war an der Außenseite mit einem Flachrelief mit dem polnischen Adler und an der Innenseite mit den Darstellungen der Kultgegenstände – des siebenarmigen Leuchters und des Tisches mit Opferbroten - verziert. Ein Zeugnis der Innenaustattung des Betsaals aus dem 17. Jh. sind Relikte von Wandmalereien mit Gebettexten, die in den 60er Jahren des 20. Jhs. freigelegt und konserviert wurden.

In der zweiten Hälfte des 17. Jhs. wurde ein Anbau an die Nordwand der Synagoge mit der Frauengalerie im Obergeschoss errichtet. Danach wurde die Synagoge um ein von Westen angrenzendes Gebäude (Nr. 36) nochmal erweitert. Ende der 80er Jahre des 19. Jhs. entstanden im Obergeschoss dieses Hauses zwei Betsäle, für Männer im Nordteil, für Frauen im Südteil, die mit der Hohen Synagoge durch eine in die Westwand gebrochene Öffnung verbunden waren. Im Erdgeschoss des neuen Hauses wurde außerdem ein Gebetsaal der Bruderschaft Ner Tamid eingerichtet.

Hohe Synagoge, Fragment der Fassade

Während des Zweiten Weltkriegs, sowie innerhalb einer sechsjährigen Periode nach Kriegsende wurde die Architektur des Bauwerks zerstört und die Synagogenausstattung - insbesondere wertvolle Gegenstände der rituellen Kunst – ging verloren. 1951 entstand ein Projekt zur Umgestaltung der Synagoge zusammen mit dem einstöckigen von Osten angrenzenden Haus (Nr. 40) zum Sitz eines der Krakauer Theater. Der nördliche Frauenbetsaal existierte zu dieser Zeit nicht mehr. An dessen Stelle legte man eine Terasse an. Das Theater ist in die ehemalige Synagoge letztendlich nicht eingezogen. Aber die allgemeine Idee derer Verbindung mit dem Haus von Osten wurde im Jahre 1966 durchgeführt, als beide Objekte restauriert und für die Bedürfnisse der Krakauer Werkstatt für Denkmalrestaurierung umgestaltet wurden. Der Männerbetsaal wurde mit einer flachen Decke anstelle des zerstörten Tonnengewölbes versehen. Neben dem Altarschrein hat man eine Türöffnung gebrochen, die den

Alte Synagoge – Ansicht von der Józefa-Straße, 30er Jahre des 20. Jhs.

Betsaal mit dem Obergeschoss des benachbarten Hauses verband. Im Treppenhaus dieses Gebäudes brachte man einen historischen steinernen Opferstock an, der sich ursprünglich in der Westwand des Männerbetsaals befand. Während der Restaurierungsarbeiten hat man in diesem Saal Fragmente einer Polychromie aus dem 17. Jh. freigelegt. In der Westwand hat man Nischen von den zugemauerten Arkaden des Frauenbetsaals und von der Türöffnung des Männerbetsaals erhalten. Das Gebäude wurde mit einem Satteldach mit großen Dachfüßen und Glasgiebeln von Süden und von Norden überdeckt, die in die technischen Arbeitsräume im Dachboden mehr Licht einließen. Ende der 90er Jahre des 20. Jhs. zog die Werkstatt für Denkmalrestaurierung aus der ehemaligen Synagoge aus.

Das nächste beachtenswerte Objekt in dieser Straße ist das mehrstöckige Haus Nr. 42, das seit Anfang des 19. Jhs. Sitz des Bethauses Kowea Itim l'Tora war, was die Menschen bezeichnet, die die Tora regelmäßig studieren. An der Fassade des Gebäudes befindet sich der hebräische Name des Gebetshauses und sowie hebräische Daten seiner Gründung (1810) und Erneuerung (1912), die in zwei Da-

Józefa- Straße 42 – ehemaliges Bethaus Kowea Itim l'Tora

vidsternen angebracht sind. Zurzeit ist es ein Wohnhaus.

Die Häuser mit ungeraden Nummern am Ausgang der Józefa-Straße an der Alten Synagoge wurden in den 90er Jahren des 20. Jhs. anstelle der alten, Anfang der 70er Jahre gebauten Häuser erbaut. Unter Nr. 33 befand sich das älteste chassidische Gebetshaus der jüdischen Stadt, das 1815 von Kalman Epstein gegründet und dann nach seinem Sohn Aron – Reb Arons Klaus benannt wurde.

Die Mündung der Józefa-Straße wird von der Alten Synagoge geschlossen. Wir biegen an ihr vorbei links ein und gehen in die Szeroka-Straße. Das ist eigentlich ein breiter rechteckiger Platz, der an seinen Schmalseiten von zwei vorherrschenden Elementen abgeschlossen ist: von der Alten Synagoge am Südende und von einem zweistöcki-

Alte Synagoge von der Seite des Bawół-Platzes

gen mit einem hohen Satteldach überdeckten Renaissancehaus am Nordende. Die Längsseiten des Platzes wurden mit geschlossenen Häuserreihen bebaut, mit Ausnahme des Fragmentes der westlichen Straßenfront von der Seite der Miodowa-Straße, wo eine steinerne Mauer steht, die die Neue Synagoge (Remuh-Synagoge) und den alten jüdischen Friedhof umgibt. Bis zum 18. Jh. wurde dieser Platz die Große Straße genannt. Er war ein zentraler Platz der jüdischen Stadt (15. – 19. Jh.), der die Funktion des Stadtmarktplatzes ausübte. In späterer Zeit, bis in die ersten Jahren nach dem Zweiten Weltkrieg war hier eine der belebtesten Stellen in Krakau, wo man mit Altwaren handelte. In den 90er Jahren des 20. Jhs. veränderte die Straße ihren einstigen Sakral- und Wohncharakter. Sie wurde allmählich zum lokalen Café- und Hotelzentrum, das auf den mit der jüdischen Vergangenheit des Stadtviertels zusammenhängenden Tourismus ausgerichtet ist.

In der Szeroka-Straße befinden sich die wertvollsten jüdischen Baudenkmäler in Krakau: die Neue Synagoge (Remuh) mit dem alten Friedhof und die Alte Synagoge, die heute das Museum der jüdischen Kultur beherbergt. Wir besuchen zuerst die Alte Synagoge.

Die Alte Synagoge

Sie ist die älteste in Polen erhaltene Synagoge. Ihre Architektur wurde zwar in der Renaissance ge-

Alte Synagoge von der Seite der Szeroka-Straße

Ostwand mit der heiligen Arche in der Alten Synagoge

staltet, aber hinsichtlich der räumlichen Komposition weist sie eine ausdrückliche Verbindung zur Gotik auf. Sie gehört nämlich zu den mittelalterlichen zweischiffigen Synagogen, die früher in Worms (11. Jh.), Regensburg (12. Jh.), Prag (13./14. Jh.), Eger (1375) oder in Oleśnica in Schlesien (14. Jh.) entstanden sind. Die ursprüngliche Synagoge wurde an diesem Ort wahrscheinlich Anfang des 15. Jhs (1407?) als erste der uns bekannten Synagogen in Kazimierz erbaut. Mit der Ostwand grenzt sie an die städtische Wehrmauer. Damals war sie eine Synagoge nur für Männer. Sie hatte eine rechteckige zweischiffige Halle mit dem Kreuzrippengewölbe, gestützt auf zwei Pfei-

Alte Synagoge mit der Szeroka-Straße im Hintergrund, 20er Jahre

ler und überdeckt mit einem Satteldach. Das Bodenniveau der Halle lag unterhalb des damaligen Straßenniveaus, was durch die Notwendigkeit begründet war, das Bauwerk hinter der Befestigungsanlage zu verbergen. In der zweiten Hälfte des 16. Jhs. wurden an die Synagoge Parterreanbauten angeschlossen: eine Vorhalle an der Nordwestecke und ein Frauenbetsaal, der hinter dem Vorraum an der Westwand der Halle untergebracht wurde. Diesen Anbauten wurde ein Kahalhaus hinzugestellt. Die Synagoge mit dem Kahalhaus bildete das religiös-administrative Zentrum der Gemeinde der Krakauer Juden.

1570 wurde die gotische Synagoge von Matteo Gucci, einem Vertreter der im damaligen Krakau zahlenkräftig angesiedelten italienischen Baumeister, umgebaut. Gucci hat die Synagogenmauer bis zur heutigen Höhe erhöht und – was zu jener Zeit eher eine Seltenheit war – das Gewölbe in der Halle in seiner ursprünglichen Kreuzrippengestalt wiederaufgebaut, das er auf zwei schlanke toskanische Säulen gestützt hat. Zwischen ihnen wurde eine neue Bima in Gestalt eines aus Eisen geschmiedeten Baldachins errichtet, die auf einem zwölfseitigen steinernen Sockel angebracht wurde. Die Wände der Bethalle wurden mit Polychromie mit Weintraubenmotiv bedeckt. Die Außengestalt des Bauwerkes wurde ebenfalls erheblich verändert. Die erhöhte Mauer der Halle mit ihren verlängerten Rundbogenfenstern wurde mit einer hohen Attika samt Arkaden verziert, die das Grabendach dahinter verdeckten.

Ende des 16. Jhs. und in der ersten Hälfte des 17 Jhs. enstanden weitere Betsäle für Frauen, die an die Haupthalle der Synagoge von der südlichen und nördlichen Seite angebaut wurden. Weitere Umgestaltungen der Synagoge wurden Ende des 19. Jhs. und in den ersten Jahrzehnten des 20. Jhs durchgeführt. 1889 wurde ihr Hauptdach umgebaut und 1891 restaurierte Jan Sas-Zubrzycki die westliche Fassade, die nach dem Abriss des alten Kahalhauses freigelegt wurde. Vor und nach dem Ersten Weltkrieg wurde eine langwierige Restauration der Synagoge vorgenommen, die in den Jahren 1904, 1913 und 1923 von Zygmunt Hendl durchgeführt wurde. Die damals durchgeführten Arbeiten verbesserten erheblich deren technischen und funktionalen Zustand und bereicherten ihre Architektur um Neorenaissance-Details. Der nordwestliche Eckanbau wurde bis zur Höhe des zweiten Stockwerkes erhöht. In den neuen Räumen wurde ein kleines Museum eingerichtet, in dem seit 1939 historische Gegenstände aus der Synagoge und Unterlagen aufbewahrt wurden. Das Gelände um die Synagoge herum wurde auf das Niveau aus dem 16. Jh. herabgesetzt und mit einer verzierten Umzäunung umgeben.

Während des Zweiten Weltkriegs wurde die Synagoge durch das deutsche Treuhandamt übernommen und dann als Lagerstätte genutzt. Ihre Innenausstattung wurde zerstört. Zu einem nicht bekannten Zeitpunkt wurde die Lagerstätte in der Synagoge aufgelöst und deren Gewölbe wahrscheinlich absichtlich zerstört. Nach Kriegsende blieb die Synagoge über ein Jahrzehnt lang dem Verfall ausgesetzt. In den Jahren 1956 – 1959 wurde sie wiederaufgebaut und von der Jüdischen Glaubensgemeinde dem Museum für die Geschichte der Stadt Krakau zum Erbnießbrauch übergeben. Im Museum befindet sich eine ständige Ausstellung, die Tradition und Geschichte der Krakauer Juden zeigt. Hier werden auch zeitweilige Ausstellungen zur weit begriffenen Kultur und Geschichte der Juden in Polen organisiert.

Vertreter der Jüdischen Gemeinde in Krakau mit dem Rabbiner J.N. Kornitzer warten auf den Präsidenten der Republik Polen Ignacy Mościcki vor der Alten Synagoge, 1927

Die Geschichte dieses Denkmals wäre nicht vollkommen, wenn man sich lediglich auf die Beschreibung von nacheinanderfolgenden Phasen seiner architektonischen Verwandlungen beschränken würde. Es war nämlich keine gewöhnliche Synagoge, eine von vielen in Kazimierz. Als die älteste Synagoge spielte sie natürlich die Rolle des zentralen Bethauses der jüdischen Gemeinde. Sie bildete nicht nur ein Zentrum des religiösen Lebens, sondern auch ein Zentrum des Regierens von Rabbinern und Senioren der jüdischen Stadt. „Hier haben die bedeutendsten Bürger, vor allem Rabbiner und Krakauer Rektoren gebetet. Auf dem Hof wurden Hochzeiten gehalten. Von der Bima aus verkündete man Verordnungen von Königen, Wojewoden und Kahalsenioren und man belegte unfolgsame Bürger mit dem Bann. Hier kam die Gemeinde in Glück und Unglück zusammen und hier verrichtete sie Gebete an den Herrn, als die Pest heranzog oder die Dürre mit einer Missernte oder Hungersnot drohte. Im Juli 1616 sprach man hier 8 Tage lang ein im Sommer ungewöhnliches Gebet für den Regen „Wa-ten tal u-matar liwracha", und 1621 ein anderes Gebet mit derselben Intention. (Bałaban, *Historia /Geschichte/,* I, 411). Von der Bima der Synagoge aus hat Tadeusz Kościuszko die Rede an die Juden gehalten, in der er sie zur aktiven Unterstützung des Aufstands im Jahre 1794 aufrief. Patriotische Reden an die Juden haben hier auch Maurycy Krzepicki, Mitglied des Jüdischen Kommitees (1846), und Ber Meisels, der berühmte Krakauer Rabbiner (1848), während des Krakauer Aufstands und des Völkerfrühlings gehalten.

Ein zunehmendes Interesse an der Geschichte und den Architekturdenkmälern war ein Grund für Besuche der Alten Synagoge von Menschen von außerhalb der jüdischen Kreise von Krakau. 1887 erstattete der österreichische Erzherzog Rudolf mit seiner Gemahlin Stephanie hier einen Besuch.

Die Tradition der Synagogebesichtigung von wichtigen Persönlichkeiten wurde auch im 20. Jh. im unabhängigen Polen aufrechterhalten. 1927 empfingen Krakauer Juden eben hier den Präsidenten der Republik Polen, Ignacy Mościcki.

Um die Alte Synagoge rankten sich viele Volkssagen. An das „Altertum" des Bauwerks knüpft eine Legende an, nach der die Juden von König Kasimir dem Großen, von dem sie auch die Genehmigung für die Errichtung der Synagoge erlangt haben, Schwerter geschenkt bekommen haben. Die mit Engelköpfen verzierten Schwerter sollte man in Leuchter für die Synagoge umschmelzen. Um Dankbarkeit für diese Schenkung zu bezeigen und sich nicht gegen den Herrscher zu vergehen, haben die Juden die Schwerter für gewisse Zeit im Inneren der Synagoge aufgehängt, obwohl es im Widerspruch zu den Toravorschriften stand, die es verbot, figurale Darstellungen zu schaffen und „Götzenbilder" in den Synagogen anzubringen.

Eine der spezifischen Traditionen der Alten Synagoge war die originelle Zeremonie des Festes Simchat Tora. Der Höhepunkt dieses Festes ist ein fröhlicher Tanz in der Synagoge mit den Torarollen, die sieben Mal um die Bima herum getragen werden. In der Alten Synagoge sah das jedoch anders aus. Der unterschiedliche Zeremonieverlauf war wahrscheinlich auf ein authentisches Ereignis zurückzuführen, das in den unruhigen Jahren nach den Schwedischen Kriegen in der zweiten Hälfte des 17. Jhs. stattfand. Während des Festes Simchat Tora, als alle Juden in den Synagogen versammelt waren, drangen Krakauer Studenten in die

Szeroka-Straße

in Dunkel gehüllte jüdische Stadt mit der Absicht ein, deren Bewohner auszurauben. Die Angreifer stürmten die Alte Synagoge gerade in dem Augenblick, als die Juden mit den heiligen Torarollen zum vierten Mal um die Bima herum zogen. Das Fest wurde unterbrochen. Die Juden gaben einander die Torarollen eilig weiter, um sie in der Arche in Sicherheit zu bringen. Im Getümmel fielen viele Tote auf Seiten der Angegriffenen. Seit dieser Zeit, um das Andenken an das tragische Ereigniss zu ehren, unterbrach man die Prozession in der Alten Synagoge in der Mitte des vierten Umzugs und dann setzte man sich auf die umgeworfenen Bänke (ähnlich verfuhr man in der Trauerzeit, in der Fastenzeit Tisza be-Aw). Nach den Trauergebeten setzte man die Feier fort.

Nach dem Verlassen der Alten Synagoge richten wir unsere Aufmerksamkeit auf deren Umgebung. Auf dem Hof vor der Synagoge steht ein Marmordenkmal, das den 30 Polen gewidmet wurde, die an dieser Stelle im Jahre 1943 von Nazis erschossen wurden. An der Nordostecke der Synagoge ist ein rekonstruiertes Fragment der städtischen Wehrmauer zu sehen, das die Lage der Alten Synagoge in der mittelalterlichen Stadt erahnen lässt. Hinter dieser Mauer befand sich wahrscheinlich der älteste Friedhof der Juden in Kazimierz, von dem jedoch keine Spur mehr übrig geblieben ist. Keine Spur blieb auch von der alten Bebauung zwischen der Synagoge und dem nahegelegenen Haus Nr. 22. Dort befand sich u.a. ein Bethaus, genannt Auf'n Bergel (auf der Höhe), das von Moses Jekeles für seinen Schwiegersohn Nathan Nata Spira (1583 – 1633), den berühmten Kabbalagelehrten, den Verfasser des bekannten Werkes *Megale Amukot (Der Tiefen aufdeckt)* gestiftet wurde. Das war zweifellos ein für jene Zeiten herausragender Gelehrter, dem die Gemeinde die Funktion des Rektors der lokalen Jeschiwa (rosz metiwta) anvertraute, die er seit 1617 bis zum Tode ausübte.

Von der Alten Synagoge aus begeben wir uns zu einem kurzen Spaziergang in die Szeroka-Straße, indem wir zuerst die Häuser auf der rechten (östlichen) Seite entlang gehen. Diese Häuser haben zwar größtenteils eine kürzere Geschichte, aber die Fundamente der Mehrheit von ihnen sind Zeugnis ihres jahrhundertelangen Ursprungs. Die drei ersten von ihnen enstanden in den 80er und 90er Jahren anstelle der in der Nachkriegszeit völlig verfallenen Häuser. Ein Haus, das anstelle des heutigen Hauses Nr. 18 stand, nannte man ein rabbinisches Haus, weil hier in den letzten 25 Jahren des 18. Jhs. der Rabbiner Isaak Lewi, der Oberrabbiner der Gemeinde und Rektor der Jeschiwa in den Jahren 1776 – 1799, und dann schon im 19. Jh. sein Sohn Hirsch David Lewi, der Hauptrabbiner der Gemeinde in den Jahren 1816 – 1832, gewohnt haben. Beide waren erbitterte Gegner des Chassidismus. Der Vater hat Chassidim zwei Mal im Jahre 1786 und 1797 in der Alten Synagoge mit einem Bann belegt.

Wir gehen an dem Haus Nr. 17 aus dem 16. Jh. vorbei, in dem der Rabbiner der benachbarten Popper-Synagoge wohnte, und kommen zum Tor des Grundbesitzes Nr. 16, in dessen Hof sich diese Synagoge befindet.

Die Popper-Synagoge (Bociana-Synagoge)

Die Synagoge ist mit einem ziemlich tiefen durch ein Tor verschlossenen Hof von der Szeroka-Straße getrennt und sie ist besser von der Dajwór-Straße zu sehen, in der sich ihre Ostfassade mit zwei hohen, tief in ihr eingelassenen Fenstern erhebt. Sie wurde 1620 als private Stiftung von Wolf Popper (Bocian), einem der reichsten jüdischen Kaufmänner und Bankier im damaligen Krakau, erbaut. Wegen ihrer nicht großen Dimensionen nannte man sie gewöhnlich die Kleine Synagoge. Das rechteckige Gebäude der Synagoge grenzte im Osten an die städtische Wehrmauer. Im 19. Jh. entstanden an der Nord- und Westwand der Synagoge einstöckige Anbauten, die vor allem als Gebetssäle für Frauen dienten. Im Erdgeschoss des westlichen Anbaus befand sich eine Vorhalle zum Gebetssaal für Männer. Daneben befand sich hingegen ein kleinerer einstöckiger Anbau, der die Kanzlei der Synagoge beherbergte. Ende des 19. Jhs. wurde die Synagoge gründlich renoviert. Damals wurden ihr Dach sowie Treppen und Laufgänge der Frauengalerien im Obergeschoss umgebaut. Zur selben Zeit entstand ein kleines gemauertes dreiachsiges Tor, das den Hof der Synagoge von der Szeroka-Straße abschloss.

Es gibt nur wenige Angaben über die Innenausstattung der Popper-Synagoge. In den Stadtführern aus der Zwischenkriegszeit wird die Tür des Altarschreins aus Eichenholz mit Reliefen und Polychromien in Gestalt je eines Löwen, Adlers, Hirschen und Leoparden beschrieben. Sie symbolisieren die Fähigkeiten und Kräfte des Menschen, der nach Gott und Seiner Vollkommenheit strebt. Sie befinden sich gegenwärtig in Sammlungen des Wolfsons-Museums in Jerusalem. Auch die zeitgenössischen Malereidekorationen an den Wänden und dem Synagogengewölbe, die von dem Künstler Schoenker geschaffen wurden, werden erwähnt.

Die ganze Innenausstattung der Synagoge wurde während des Zweiten Weltkriegs, in der Zeit der Vernichtung der Krakauer Juden, zerstört oder ist verlorengegangen.

Popper-Synagoge

Nach Kriegsende übte das Bauwerk keine Kultfunktion mehr aus. In den ehemaligen Frauengalerien wohnten einige Jahre lang die aus der Sowjetunion nach Krakau gekommenen Juden. Von der einstigen Synagoge blieb lediglich deren Rumpf mit dem Betsaal für Männer und den Frauenräumen im Nordteil erhalten. Im Jahre 1965 wurde sie renoviert und zu einer plastischen Werkstatt des Jugendkulturhauses umgestaltet. Diese Funktion übt sie im Einvernehmen mit der Jüdischen Glaubensgemeinde in Krakau bis zum heutigen Tag aus.

Nach dem Besuch der ehemaligen Popper-Synagoge setzen wir

den Spaziergang in der Szeroka-Straße fort.

In dem bescheidenen einstöckigen Haus Nr. 14 wurde im Jahre 1872 Helena Rubinstein geboren. 1890 fuhr die spätere „Kosmetikkönigin" von hier aus zu Verwandten nach Australien. Dort eröffnete sie ihren ersten Kosmetiksalon, in dem eine aus Krakau mitgebrachte Kräutercreme ihrer Mutter Furore machte, später dann .... eroberten HR-Kosmetika Europa und Amerika.

Im letzten Haus Nr. 6 auf dieser Seite der Szeroka-Straße befand sich seit dem 16. Jh. das Gemeindebadehaus und ein rituelles Tauchbad, sog. Mikwe. Das sog. große Ritualbad (im Unterschied zum kleinen Ritualbad, das sich in der Nähe des heutigen Nowy-Platzes /Der Neue-Platz/ befand) „sollte der Bademeister mindestens einmal innerhalb von zwei Wochen und darüber hinaus an jedem Freitag heizen. Dessen Pächter war im Jahre 1806 Jekele Felczer, genannt Doktor, der dafür an die Kahalkasse 831 Zloty jährlich zahlte. Die Eintrittskarte zum Tauchbad kostete damals 3 Groschen, und nur von einer zur Mikwe gehenden Braut bezog der Pächter eine zur Mitgift verhältnismäßige Gebühr. (Bałaban, *Przewodnik /Stadtführer/,* S. 65 – 66). Man musste etwa 40 Treppenstufen zur Mikwe heruntergehen, weil die speisende Quelle so tief lag. „Einst war die Mikwe mit Holz ausgelegt, heute gibt es dort Schachtwände aus Zement und eine Treppe aus Stein. Trotzdem erinnert sie an mittelalterliche Mikwen der alten deutschen Gemeinden: in Worms oder in Friedberg usw." (Bałaban, *Przewodnik /Stadtführer/*, S. 66). Das Gebäude wurde mehrmals umgebaut, so dass ein jüdischer Historiker schon in der Zwischenkriegszeit mit Bedauern die Zer-

Inneres der Popper-Synagoge

störung des Denkmals feststellte, die durch Respektlosigkeit der Vergangenheit gegenüber verursacht war. Nach der nächsten gründlichen Modernisierung und Umgestaltung in den Jahren 1974 – 1976 zog hier die Krakauer Werkstatt für Denkmalrestaurierung ein. In den 90er Jahren erlangte die Jüdische Glaubensgemeinde in Krakau das Eigentumsrecht zurück. Im Gebäude entstand das nächste Restaurant an dieser Seite der Szeroka-Straße. Relikte der Mikwe sind in den unterirdischen Räumen erhaltengeblieben.

Das Nordende der Szeroka-Straße schließen drei Häuser ab. Im 17. Jh. standen dort sechs Häuser. Sie gehörten damals einflussreichen Persönlichkeiten der jüdischen Stadt. Dort wohnten u.a. Rabbiner Josue Heschel (Oberrabbiner der Gemeinde und Rektor der Jeschiwa in den Jahren 1654 – 1663) und der aus Padua stammende Arzt Samuel Katz, der in der ersten Hälfte des 17. Jhs. viele Jahre lang der Kahalsenior in Kazimierz war. Im 18. Jh. fügte man drei in der Mitte stehende Häuser zu einem Haus zusammen. Darin wohnten damals einige Familien. Seit dem 19. Jh. war es im Besitz der einflussreichen und sehr verzweigten Familie Landau. Deren Vertreter war u.a. der vor dem Zweiten Weltkrieg letzte Vorsteher der jüdischen Gemeinde Krakaus, Anwalt Dr. Rafał Landau.

Den nördlichen Teil der Szeroka-Straße nimmt eine von einer verzierten Umzäunung umgebene Grünfläche mit Bäumen ein, wo am südlichen Rande ein Denkmal steht, das den Holocaustopfern aus Krakau und der Umgebung gewidmet ist. Anstelle der Grünfläche befand sich ein jüdischer Friedhof, der bis 1552 genutzt wurde, als ein Friedhof an der nahe gelegenen Neuen Synagoge (Remuh-Synagoge) angelegt wurde. Im 18. Jh. stand am Nordrand dieser Stelle ein Armenhaus, das zu Beginn des 19. Jhs. abgerissen wurde. Bis zum Ausbruch des Zweiten Weltkriegs war dieses Gelände von einer Mauer umgeben. Mit diesem Ort hängt auch eine Legende zusammen, die die lokale Tradition erklärt, die Eheschließungen an Freitagen verbot. An einem Freitagabend fand in Kazimierz eine ziemlich verspätete Trauung statt. Es heiratete eine Waise. Der Bräutigam verweigerte im letzten Augenblick die Heirat, weil die Mitgift des Mädchens geringer war, als es im Heiratsvertrag vereinbart wurde. Bevor man die fehlende Summe zusammenbrachte, ist der Abend eingebrochen und damit hat der Sabbat begonnen. Nach der Trauung begann in einem gegenüber der Synagoge und dem alten Friedhof stehenden Haus in der Szeroka-Straße ein Fest mit Musik, das tief in die Nacht hinein dauerte. Die offenbare Sabbatverletzung rief eine große Empörung in der jüdischen Stadt hervor. Da die Hochzeitsgäste auf die Aufforderung zum Abbrechen des Hochzeitsfestes nicht reagiert hatten, belegte sie der erzürnte Rabbiner mit dem Bann. Bald wurden sie grausam bestraft: da tat sich die Erde auf und verschlang alle samt dem Haus, in dem die Hochzeit stattfand. Nach diesem Ereignis verboten die Rabbiner, Hochzeiten im Bereich der Krakauer Gemeinde freitags zu organisieren.

Wie es mit Legenden zu sein pflegt, steckt in ihnen oft ein Körnchen Wahrheit. Das ist auch im Fall der oben angeführten Legende so. Die Trauung, von der die Rede ist, ist eine historische Tatsache. Sie fand in Kazimierz im 16. Jh. unter dem Rabbinat von Moses Isserles – Remuh statt. Die Rolle des Rabbiners war in diesem Fall aber völlig anders. Eben Remuh, der der Waise helfen wollte, trug zur Eheschließung bei. Obwohl eine reale Gefahr des Sabbatbruchs bestand, schob er den Beginn des Abendgottesdienstes in der Synagoge so lange hinaus, bis die volle Mitgiftsumme gesammelt und den Bedingungen des Heiratsvertrages genuggetan wurde. Danach – vom Sabbatbeginn sind anderthalb Stunden vergangen – gab er ein Zeichen zum Gebetsbeginn. Dieses Ereignis hatte zweierlei Ende. Erstens – hier trifft die Legende zu – verboten die Gemeindeältesten, Trauungen in den Grenzen der Gemeinde freitags zu organisieren. Zweitens erhob sich ein rabbinischer Meinungsstreit, der den Sturm über Rabbiner Isserles entfesselte. Remuh verteidigte konsequent seine Entscheidung. Er argumentierte vernünftig, dass er der Tora nicht untreu wurde, denn das Verbot der Trauungen am Sabbat sei nicht unmittelbar aus ihr, sondern von den Rabbinern abzuleiten. Diese hingegen haben dieses Recht mit aller Sicherheit ohne die Absicht festgelegt, um einer armen Waise Unrecht zuzufügen.

Mit dem erwähnten Rabbiner ist ein historischer Komplex der Neuen Synagoge und des anliegenden alten jüdischen Friedhofs verbunden (Szeroka-Straße 40).

Die Neue Synagoge (Remuh-Synagoge) und der alte Friedhof

Die Synagoge und der Friedhof nehmen einen geringen Platz von lediglich 4,5 ha ein, der zwischen den Straßen: Szeroka-, Miodowa-, Jakuba-, Ciemna- und Lewkowa-Straße geschlossen ist. Das ist ein einzigartiger Komplex der jüdischen Architektur und der sakralen Kunst, dessen Anfänge in die Mitte des 16. Jhs. zurückreichen und der auch heute die zentrale Rolle im religiösen Leben der Krakauer Juden spielt. In der Synagoge finden Gottesdienste an Samstagen und Feiertagen statt und der Friedhof wird von frommen Juden aus der ganzen Welt besucht, die über den Gräbern von berühmten Krakauer Rabbinern, Gelehrten und hervorragenden Gemeindesenioren beten wollen. So wie vor vielen Jahren kommen auch heute die meisten Pilger am Todestag des berühmtesten polnischen Rabbiners Moses Isserles (1525 – 1572), gennant Remuh, auf den alten Friedhof. Sein Todestag fällt dem jüdischen Kalender entsprechend auf den 18. Ijar (April/Mai).

Eine so nahe Lage von Synagoge und Friedhof hat nicht viele Analogien, weil im Judaismus - anders

Vor dem Tor der Remuh-Synagoge, 20er Jahre des 20. Jhs.

als zum Beispiel im Christentum - kein sakraler Zusammenhang zwischen dem Bestattungsort des Toten und dem Gotteshaus besteht. Der Grund für deren unmittelbare Nachbarschaft musste also eher die lästige Enge in der jüdischen Stadt in Kazimierz sein, als irgendwelche andere Gründe.

Synagoge

Die nach der Alten Synagoge zweitälteste Synagoge in der jüdischen Stadt in Kazimierz, deswegen auch ursprünglich die Neue Synagoge genannt, wurde im Jahre 1553 am östlichen Rande des Grundstücks errichtet, das damals von den Juden für den Friedhof erworben wurde. Sie wurde von Israel ben Józef, dem Enkel von Moses Auerbach aus Regensburg und dem Vater von Moses Isserles gestiftet, der bereits zu dieser Zeit das Amt des Oberrabbiners der Gemeinde der Krakauer Juden bekleidete. Im Jahre 1557 brannte die Synagoge ab, aber bald wurde sie dank der Erlaubnis, die Israel noch im selben Jahr von König Sigismund August erlangt hat, wiederaufgebaut. Ihre Errichtung kann man dem Krakauer Baumeister Stanisław Baranek zuschreiben. Im Obergeschoss des hölzernen Anbaus an der Nordwand der Synagoge befand sich der ursprüngliche Betsaal für Frauen. Nach der geringen Größe der Synagoge zu urteilen, diente sie wahrscheinlich dem engen Familien- und Freundeskreis des Stifters.

Zeitgenössische architektonische Form gewann die Synagoge infolge der gründlichen im Jahre 1829 durchgeführten Restaurierung. Damals wurde ihre Westwand, an der der heutige Betsaal für Frauen entstand und die mit der Synagoge für Männer mit zwei rechteckigen Arkaden verbunden wurde, umgebaut. Das Innere der Haupthalle wurde mit einem neuen hölzernen Tonnengewölbe anstelle des früheren gemauerten Gewölbes versehen. Aus dieser Zeit stammen auch die östlichen und westlichen Rundbogenfenster der Synagoge sowie ein gemauerter einstöckiger Anbau an der Nordwand. Eine wiederholte wichtige Restaurierung der Synagoge wurde 1933 von dem Architekten Herman Gutman durchgeführt. Damals durchgeführte Arbeiten hatten hauptsächlich konservierenden Charakter. Sie haben den technischen und ästhetischen Zustand des Bauwerks beträchtlich verbessert, ohne daß wesentliche Änderungen an seiner Architektur vorgenommen wurden.

Remuh-Synagoge

Während der Nazi-Okkupation in den Jahren 1939 – 1945 wurde die Synagoge von der deutschen Treuhandstelle übernommen. Die Haupthalle der Synagoge wurde dann als Lagerstätte für imprägnierte Leichensäcke und der Frauensaal als Lagerstätte für Feuerwehrgeräte verwendet, wobei sich letztere noch nach dem Jahre 1945 dort befand. Die Synagoge wurde wertvoller Kultgegenstände beraubt. Die historische Bima und die Mehrheit der beweglichen Innenausstattung wurden zerstört. Nach Kriegsende kam sie in den Besitz der Jüdischen Glaubensgemeinde zurück und dank ihrer Bemühungen wurde sie im Jahre 1957 renoviert. Manche Details der Innenausstattung, wie z.B. die Bima, die in der Zeit der deutschen Okkupation unwiederbringlich zerstört wurden, wurden sorgfältig rekonstruiert oder um fremde Elemente ergänzt.

Nach dem Zweiten Weltkrieg wurde die Umgebung beiderseits des Tors, das zum Innenhof der Synagoge führte, wesentlich verändert. 1954 wurde ein Parterrehaus auf der rechten Seite des Tors abgerissen und deshalb hat der Mauerzaun auf dieser Seite eine unregelmäßige Form. In den Jahren 1994 – 1995 entstand auf der anderen Seite ein neues Restaurantgebäude, das neben der historischen Bebauung der Straße ausgesprochen schlecht konzipiert wurde. Das alte gemauerte Tor, das auf den Innenhof des Gotteshauses führt, wurde ungeschickt nachgeahmt und von der zeitgenössischen Metallkonstruktion des Restauranteingangs dominiert, die vom schlechten Geschmack und Hochmut des Investors zeugt.

Von der Szeroka-Straße aus ist nur der Oberteil der Synagoge mit einem Halbrundfenster in der Ostwand und die niedrige Pyramide des Walmdachs zu sehen. Der untere Teil hingegen wird von der Mauer mit einem Tor samt Flachrelief im Tympanon und der hebräischen Aufschrift „Die Neue Synagoge Rabbiner Remuh seligen Gedenkens" verdeckt. Erst von dem Hof hinter dem Tor bietet sich ein Ausblick auf den festen, aber ziemlich schmalen Rumpf der Synagoge und den niedrigeren anliegenden einstöckigen Nordanbau mit einer Vorflur und mit Wirtschaftsräumen. An der Mauer des Hofes sind Gedenktafeln zur Erinnerung an die Krakauer Juden angebracht, die größtenteils aber der Kongregation dieser Synagoge nicht angehörten.

Die Remuh-Synagoge ist das einzige regelmäßig geöffnete Bethaus der Krakauer Juden. Darum bewahrt ihr Inneres eine besondere Stimmung sowie einen funktional und formal einheitlichen Charakter, also die Eigenschaften, die keine unter den erhaltenen Krakauer Synagogen besitzt.

In der Vorhalle befinden sich einfache zeitgenössische Gegenstände: ein Tisch, Bänke, ein Regal für Gebetbücher und Folianten des Talmuds. In die Wände sind Gedenktafeln zum Todestag der Gemeinschaftsmitglieder eingemauert. Der Eingang zum Gebetssaal ist mit einem Sandsteinportal mit einer in Eisen geschmiedeten

Tür der Bima in der Remuh-Synagoge

Glastür eingefasst. In der Leibung der Türöffnung ist ein steinerner Opferstock in der Form eines Renaissanceportals mit hebräischen Aufschriften angebracht, die zu Spenden für die Armen („Gold, Silber, Kupfer", 2. Mose 35,5) und zu Gebeten für die Seele des Rabbiners Moses Isserles auffordern. Der Hauptraum sowie die Vorhalle sind mit einem Kachelfußboden aus dem 19. Jh. ausgelegt. In der Mitte der tonnengewölbten Bethalle befindet sich die rechteckige Bima mit einem Pult für die Tora, die auf einem niedrigen Podest steht und von einem schmiedeeisernen Flechtbandgitter umgeben ist, das eine Rekonstruktion des während des Zweiten Weltkriegs zerstörten Gitters ist. Die zweiflügelige Tür aus dem 18. Jh. mit Flachreliefen und Polychromien wurde aus einer anderen, sicher außerhalb von Krakau stehenden Synagoge hierher gebracht. Die symmetrisch angebrachten Dekorationen an der Tür mit Volkskunstmerkmalen schildern an der Außenseite einen Krug mit einem üppigen Rankwerk aus Zweigen mit Blättern, Blumen und Früchten und an der Innenseite in drei senkrechten Zierfeldern – einen Korb mit Blumen und Früchten, ein Paar auf zwei Schüsseln stehende Krüge sowie den brennenden siebenarmigen Leuchter mit einer Krone oberhalb. In der Ostwand der Synagoge befindet sich die heilige Arche aus der Spätrenaissance. Ihre Nische mit den Torarollen ist mit einer Flechtbandtür im Jugendstil verschlossen und von einem Vorhang mit Lambrequin verhüllt. Die Nische ist mit einem Sandsteinportal mit verdoppelten Pilastern beiderseits eingefasst. Deren Kapitelle mit einem untypischen Pflanzenornament tragen das volle Balkenwerk mit einem Fries mit hebräischen Aufschriften: „Sieh nun herab von deiner heiligen Wohnung, vom Himmel, und segne dein Volk Israel" (5. Mose 26,15) sowie „Durch mich regieren die Könige" (Sprüche 8,15). In der Bekrönung befindet sich eine rechteckige Tafel mit dem Dekalog und ein Dreiecksgiebel mit einem Flachrelief. Diese Einfassung ähnelt hinsichtlich der Komposition der Einfassung der heiligen Arche in der nahe gelegenen Alten Synagoge. Am Seitenpilaster auf der linken Seite der Arche hängt ein Metallschrank für das ewige Licht – ner tamid – mit einer hebräischen Inschrift „Das ewige Licht für Remuhs Seelenruhe – seligen Gedenkens". Auf der rechten Seite der zum Podest vor der Arche führenden Stufen befindet sich ein Kantorpult. Davor befindet sich eine an dieser Stelle notwendige Tafel sziwiti in einen einfachen Rahmen eingefasst mit einem Text, der in die Zeichnung am Portal komponiert ist. Der Text setzt sich aus zwei für diese Stelle typischen Zitaten zusammen: „Ich habe den Herrn allezeit vor Augen" (Psalm 16,8) sowie „Wisse, vor dem du stehst – vor dem König der Könige über alle Könige, dem Allerheiligsten, gesegnet sei er", (Talmud, Berachot 28b). Unentbehrlich sind an dieser Stelle auch die Leuchter auf dem Pult und auf den Podesten vor der Arche. Auf der rechten Seite der Arche ist eine Tafel zum Gedenken an die Stelle eingemauert, wo der bereits mehrmals erwähnte Rabbiner Moses Isserles zu beten pflegte. Einer der Stühle an dieser Wand ist ausschließlich ihm vorbehalten. Am breiteren Pilaster an der Südwand befindet sich eine Stiftungstafel, die verkündet: „Der Mann, Rabbi Israels, Sohn Josefs seligen Andenkens, hat sich mit der Stärke umgeben, dem Ewigen zu Ehren und seiner Gattin Malka, Tochter Eleazars zu Ehren, möge ihre Seele in die Schar der Lebenden aufgenommen werden, er hat aus ihrem Nachlass diese Synagoge, das Gotteshaus errichtet. Möge der Herrgott Güter Israels wiederherstellen". Der hebräische Text der Inschrift beinhaltet das Gründungsdatum der Synagoge - das Jahr 1553. Rechts von ihr sind große Marmortafeln angebracht, auf denen die Namen der verstorbenen Gemeinschaftsmitglieder verewigt sind. Während der Gebete für die Toten werden diese Tafeln mit darin angebrachten Glühbirnen beleuchtet.

Die weiß gestrichenen Wände der Bethalle haben eigentlich keine Dekorationen. Eine Ausnahme bilden Malereien aus dem 20. Jh. an der Westwand, oberhalb der Arkaden, die sie mit dem Frauensaal verbinden. Sie schildern die Klagemauer (Westmauer, Überreste der abgerissenen Tempel in Jerusalem), Grab von Rachel und die Arche Noah. Das ganze nicht große Innere ergänzen Bänke mit Pulten, die in einigen Reihen beiderseits der Bima und in den einzelnen Reihen entlang der Wände stehen.

Friedhof

Gleich hinter der Synagoge erstreckt sich das Gelände des alten Friedhofs der Krakauer jüdischen Gemeinde. Vom Hof vor der Synagoge führt ein kleines Tor in der Friedhofsmauer dorthin. Eine Tafel oberhalb informiert, dass es „ein alter Friedhof ist, die Ruhestätte von Gaonen, der aus dem Gemeindefonds im Jahre (5)311 angelegt wurde", das heißt im Jahre 1552 der christlichen Zeitrechnung. Sie wurde an diese Stelle in neuerer Zeit von dem ursprünglichen Friedhofstor verlagert, das zwar zugemauert aber bis heute im mittleren Teil der Mauer von der Seite der Jakuba-Straße erhalten ist.

In Polen sind nur einzelne jüdische Grabmäler älter als diese auf dem Krakauer Friedhof. Dazu gehören Grabdenkmäler in Wrocław (Breslau) aus der Wende des 12. zum 13. Jh. sowie auf dem jüdischen Friedhof in Lublin, der 1540 angelegt wurde, also einige Jahre früher als die Krakauer Nekropole. Der alte Friedhof wurde im Jahre 1800 geschlossen, aber manche

Remuh-Synagoge und der alte Friedhof

kau gerichteten Brief schrieb er, dass dieser Friedhof einen unheimlich großen historisch-religiösen Wert für die Juden hat, als die Ruhestätte von „Führern, Gesetzgebern und Lehrern des jüdischen Volkes". Der Senat trat von dem Entwurf ab, indem er sich wohl von der klugen Begründung des Rabbiners beeinflussen ließ. Das Gelände des Friedhofs überstand bis zu unserer Zeit in einem unveränderten Zustand. Leider kann man das nicht von dem Zustand der Gräber sagen. Seit

Persönlichkeiten wurden hier noch in der ersten Hälfte des 19. Jhs. beerdigt. Unter anderem wurde Abraham Chaim, Sohn des bekannten Krakauer und Warschauer Rabbiners Ber Meisels, 1843 hier beerdigt. Der Rabbiner widersetzte sich der Störung des Friedhofsgelände im Jahre 1845, als man mit dem Ordnen der städtebaulichen Anlage des Stadtviertels begann. In einem an den Senat der Freien Stadt Kra-

dem Ende des 18. Jhs. umgab die jüdische Gemeinde den Friedhof mit beschränkter Fürsorge, indem sie nur Grabdenkmäler von hervorragenden Persönlichkeiten pflegte. In der Zwischenkriegszeit war der allgemeine Zustand des Friedhofs schlecht, was aus der Beschreibung in einem zeitgenössischen Stadtführer hervorgeht: „Die Grabdenkmäler sind größtenteils zerstört, sie sind in die Erde eingesun-

Gebet auf dem alten Friedhof am Todestag des Rabbiners Moses Isserles (18. Ijar 1572), 20er Jahre des 20. Jhs.

ken oder sie liegen am Fuße von anderen noch stehenden umgeworfen". (Bałaban, *Przewodnik /Stadtführer/,* S. 74).

In der Zeit der Nazi-Okkupation in den Jahren 1939 – 1945 wurde der Friedhof zerstört, die Gräber wurden zerschlagen, die Friedhofsmauer abgetragen, und auf diesem so verwüsteten Gelände entstand eine illegale Müllkippe. Nach dem Ende des Zweiten Weltkrieges blieben auf dem Friedhof lediglich einige Grabmäler, darunter auch das Grabdenkmal des Rabbiners Moses Isserles, erhalten, was fromme Juden als nächsten Beweis für die Wunderkraft des gottgefälligen Rabbiners anerkannt haben. Man erzählt, dass die Deutschen vorhatten, sein Grabdenkmal zu zerstören, sie traten von dieser Absicht jedoch ab, als der erste Arbeiter, der den Grabstein berührt hat, wie vom Blitz getroffen auf die Erde gefallen ist. Noch in der zweiten Hälfte der 40er Jahre entstanden dank den Bestrebungen der Gemeinde einige neue Grabdenkmäler, die die zerstörten Grabmäler der Krakauer Rabbiner ersetzten. Ende der 50er Jahre wurde das Friedhofsgelände geordnet. In seinem zentralen Teil wurden damals archäologische Forschungen durchgeführt und in einer relativ geringeren Tiefe fand man Hunderte von Grabmälern oder derer Bruchstücke. Über 700 stellte man auf der Oberfläche wieder auf. Sie wurden auf rechteckige stabile Betonfundamente gesetzt, die gerade Reihenlinien mit regelmäßigen Abständen zwischen den einzelnen Reihen und Grabmälern bildeten. Viele Fragmente wurden in die Innenseite der Friedhofsmauer entlang der Szeroka-Straße eingemauert. Auf diese Weise entstand dort ein einzigartiges Mosaik, das aus unregelmäßigen Steinbruchstücken mit hebräischen Inschriften, stilvollen Ornamenten und Motiven der jüdischen Grabsymbolik besteht. Mit der Zeit bekam diese Stelle den allgemein verwendeten Namen Klagemauer. Auf diese Art und Weise wurde dieser Ort, der ein Relikt der zerstörten Heiligkeit der Krakauer Juden war, mit der Klagemauer in Jerusalem verglichen,

Friedhof an der Remuh-Synagoge

dem Relikt der zerstörten Tempel – der Heiligkeit aller Juden. In der Nähe befindet sich ein steinerner Hügel mit einer Platte. Das ist eine relativ neue Grabstätte, wo Knochen begraben liegen, die während der Renovierung der Friedhofsmauer von der Seite der Szeroka-Straße gefunden wurden.

Man muss ausdrücklich betonen, dass die überwiegende Mehrheit der Grabdenkmäler nicht an ihrer ursprünglichen Stelle steht. Aus diesem Grunde und aus anderen konservatorischen Gründen hat der Friedhof eher den Charakter eines Lapidariums als den eines Friedhofs im engeren Sinne des Wortes.

Seit 1988 werden die Grabdenkmäler nach und nach restauriert. Die Konservierung soll den Verfallsprozess der bestehenden historischen Bausubstanz aufhalten.

Sog. Klagemauer auf dem Friedhof an der Remuh-Synagoge

Zeitgenössischer Grabhügel auf dem Friedhof an der Remuh-Synagoge

Die Arbeiten werden von dem Nationalfonds für Denkmalpflege Krakaus finanziert. Manche Grabdenkmäler wurden dank der Unterstützung von Privatpersonen renoviert.

Das Friedhofsgelände kann man allgemein in 3 Sektoren gliedern:

I. Sektor – beginnt am Eingang und umfasst die ersten 10 Reihen.

II. Sektor – umfasst 9 weitere Reihen, die sich von der Westwand der Synagoge bis zur Mitte des Friedhofs in Richtung der Jakuba-Straße erstrecken.

III. Sektor - umfasst übrige Reihen, dabei ist es charakteristisch, dass die hier stehenden Grabmäler nach Westen ausgerichtet sind, also umgekehrt als die Grabmäler im I. und II. Sektor.

Auf dem alten Friedhof sind u.a. folgende Persönlichkeiten bestattet:

(**Achtung**: Die Ziffern vor den Namen der Toten bezeichnen Sektor, Reihe, Grabmal)

I. Sektor

1.1.6. Juda Leib Landau, Sohn von Jekutiel Zelman, Kaufmann, in den nichtjüdischen Dokumenten Lewek genannt. Gestorben 1632. Er stammte aus dem einflussreichen Leviten-Stamm Landau. Sein Vater Jekutiel Zelman Landau, gestorben 1614, war Senior des sog. Vier–Länder-Waads (Sejms), der Generalvertretung der polnischen und litauischen Juden. Sarkophag-Grabmal. Auf der Vorderseite der Platte ein Flachrelief mit einer Kanne, dem Symbol von Leviten.

1.6.1. Eliezer Damaszek, Sohn von Josef, Dajan (rabbinischer Richter), der in der ersten Hälfte des 19. Jhs. das Amt des Krakauer Rabbiners innehatte. Autor von Responsen *Ewnej Kodesz (Heilige Steine)*. Gestorben 1847. Auf dem Grabstein stilisiertes Ornament mit Pflanzen und Vögeln.

Grabmal von Juda Leib Landau

1.8.5. Isaak Landau, aus dem Leviten-Stamm, Krakauer Rabbiner in den Jahren 1754 – 1768. Gestorben 1768. Die Inschrift ist beiderseits mit zwei kannelierten Pilastern eingefasst. Der Grabstein ist von drei Zapfen bekrönt, die anstelle der verlorengegangenen Löwenfiguren hinzugefügt wurden. Ausschnitt der Inschrift: *Unsere Freude hat sich in Trauer verwandelt, ein Teil Israels wurde uns genommen, die Krone unseres Hauptes ist gefallen: ehrwürdiger Rabbiner, berühmter Gaon, Vorbild unseres Geschlechts, unser Lehrer und Meister.*

Grabmal von Isaak Landau

II. Sektor

2.1.10. Mordechaj Margulies, Rektor der Krakauer rabbinischen Hochschule in den Jahren 1591 – 1617. Gestorben 1617. Am Walm des Grabsteins ein Bogen in Form einer stilisierten Kartusche mit kleinen Wirbelrosetten. Ausschnitt der Inschrift: *Hier ist der Mann Gottes bestattet, heilig wird er genannt; er befolgte die Gebote Gottes, er war ein großer Kenner von Recht, Kasuistik, Logik, Schriftlesen, Mischna und Gemara.*

Grabmal von Mordechaj Margulies

2.1.13. Golda, Tochter des Rabbiners aus Lublin, Schalom Schachna, erste Frau des Rabbiners Moses Isserles (Remuh). Gestorben 1552. Sarkophag-Grabmal, stark zerstörte Oberfläche der senkrechten Vorderseite der Platte.

2.1.14. Gitel, Tochter von Moses Auerbach aus Regensburg, Großmutter des Rabbiners Moses Isserles (Remuh). Gestorben 1552. Sarkophag-Grabmal; die senkrechte Vorderseite der Platte wurde im 19. Jh. umgeschmiedet, dabei ersetzte man auch die einstige Inschrift in Form des Hochreliefs durch eine gravierte Inschrift. Ausschnitt der Inschrift: *Sie war ihr ganzes Leben lang für die Armen großzügig. Jeden Morgen und jeden Abend ist sie in die Synagoge gegangen. Sie ist im hohen Alter in die Ewigkeit eingegangen /.../ unter die übrigen Gerechten der Welt im Edengarten.*

2.1.15. Miriam Bella, Schwester des Rabbiners Moses Isserles (Remuh). Gestorben 1617. Sarkophag-Grabmal; die senkrechte Vorderplatte ersetzt das zerstörte originale Grabdenkmal aus dem 17. Jh.

2.1.16. Israel ben Josef, Kaufmann und Bankier, Stifter der Remuh-Synagoge, Vater des Rabbiners Moses Isserles (Remuh). Gestorben 1568. Sarkophag-Grabmal;

die senkrechte Vorderplatte ersetzt das zerstörte originale Grabdenkmal aus dem 16. Jh.

2.1.17. Moses Isserles (etwa 1525 – 1572), genannt **Remuh**, Krakauer Rabbiner in den Jahren 1547 – 1572, Vorsitzender des rabbinischen Gerichts und Rektor der lokalen rabbinischen Hochschule, Verfasser von vielen religiösen, philosophischen und rechtswissenschaftlichen Werken, insbesondere des Werkes *Darkej Mosze (Die Wege von Moses)*, das seine eigenen Kommentare zum Ritenkodex von Josef Karo *Szulchan Aruch (Gedeckter Tisch)* enthält, die den Kodex den Bräuchen der aschkenasischen Juden anpassen. Isserles' Glossen fanden allgemeine Anerkennung und wurden später zusammen mit dem oben erwähnten Kodex als *Mappah (Das Tischtuch)* gedruckt. Sarkophag-Grabmal; an der senkrechten Vorderplatte befindet sich eine Dekoration in Form des Rankenwerks mit wuchernden Weintrauben sowie der Krone der Lehre. Diese verzierte Platte stammt aus dem Ende des 18. Jhs. Es blieb auch eine Platte aus dem 16. Jh. erhalten, die auf die Rückseite der Vorderplatte angebracht wurde. Ausschnitt der Inschrift: *Der große Gelehrte, das Licht des Westens, der größte Gaon des Geschlechts, unser Lehrer, Rabbiner Moses, Seelsorger und der Felsen Israels. Am 33. Omer-Tag wurde uns ein Teil Israels genommen. Moses war ein Seelenhirt der Herde Israels, er erfüllte die Gerechtigkeit Gottes und Sein Gericht über Israel und verbreitete die Lehre unter dem Volk Israel. Von Moses bis Moses ist keiner unter dem Volk Israel erstanden, der Moses gleich wäre*".

Grabmäle der Familie Isserles

2.1.18. Isaak, genannt **Reicher**, Kaufmann und Bankier, Bruder des Rabbiners Moses Isserles (Remuh), Senior der Jüdischen Gemeinde in Krakau. Gestorben nach 1585. Sarkophag-Grabmal; die Vorderplatte des Grabsteins wurde nach 1945 angefertigt.

2.1.19. Josef Katz (d.h. Priester), Sohn von Mordechaj Gerschon, hervorragender Talmudkenner, Autor von Responsen (Bescheide zum religiösen Recht im Werk in der Frage-Antwort-Form) *Szejrit Josef (Josefs' Erbe)* sowie von wertvollen Kommentaren zu den talmudischen Arbeiten anderer Autoren. Er war Rektor der Krakauer rabbinischen Hochschule in den Jahren 1576 – 1591. Gestorben 1591. Das Grabmal steht unter den Gräbern der Familie Isserles, weil der Verstorbene ein Schwager des Rabbiners Moses Isserles (Remuh) war, der nach dem Tode seiner ersten Frau Josefs Schwester heiratete. In der Inschrift am Grabstein sind auch folgende Personen genannt: seine Gemahlin Szprinca, sein Sohn Tanchum und sein Enkel Gerschon, Moses' Sohn. Sarkophag-Grabmal; die Vorderplatte des Grabsteins wurde nach 1945 als Ersatzplatte angefertigt.

2.1.29. Moses Enzels, Sohn von Naftal, Krakauer Rabbiner in den Jahren 1688 – 1694; **Mordechaj Deiches**, Sohn von Simon Machlis, Krakauer Rabbiner in den Jahren 1694 – 1706. Zusammen mit ihnen wurden auch folgende Personen beerdigt: **Jeruchem**, Sohn von Mordechaj Deiches. Sterbedatum unbekannt; **Abraham**, Enkel von Mordechaj Deiches. Sterbedatum unbekannt; **Kreindl**, Tochter von Abraham. Gestorben 1776. Sarkophag-Grabmal mit einer breiten Vorderplatte, verziert mit einer gemeißelten Krone, die vor der Oberfläche der Platte weit herausragt. Es wurde dank Bestrebungen der Gemeinde 1924 renoviert.

2.1.32. Isaak Jakubowicz (reb Ajzyk Jekeles), Senior der Jüdischen Gemeinde in Krakau in der ersten Hälfte des 17. Jhs., Kaufmann und Bankier, Stifter der prächtigsten Krakauer Synagoge, die in den Jahren 1638 – 1644 erbaut und nach ihm benannt wurde. Gestorben 1653. Sarkophag-Grabmal; von dem einstigen Grab ist le-

Grabmal von Isaak Jakubowicz

diglich ein Fragment der Vorderplatte mit einer Kartusche erhalten geblieben, der Rest hingegen stammt aus einer späteren Zeit. Was noch interessant ist, befindet sich in der Nähe ein zweites Grabmal von Isaak Jakubowicz, das nach 1945 errichtet wurde, als es schien, dass das originale Grabmal unwiederbringlich verloren gegangen ist.

2.1.43. Nathan Nata Spira (1583 – 1633), Sohn von Salomon, Vorsitzender des Krakauer rabbinischen Gerichts und Rektor der lokalen rabbinischen Hochschule, Kabbalist, Autor des Werkes *Megale Amukot (Der Tiefen aufdeckt)*. Sarkophag-Grabmal; auf der Rückseite der fragmentarisch erhaltenen Vorderplatte aus dem 17. Jh. befindet sich eine Ersatzplatte, die nach 1945 geschaffen wurde. Ausschnitt der Inschrift: *Hier ist der Mann Gottes, der gottgefälligste Ahne bestattet, der Tiefen, Geheimnisse und Schätze aufdeckt, der, von dem man sagt, mit ihm habe /Prophet/ Elias von Angesicht zu Angesicht gesprochen...*

Neben ihm wurden bestattet: **Rosa**, Tochter von Moses Jakubowicz, Ehefrau des Rabbiners Nathan Spira. Gestorben 1642. Sarkophag-Grabmal; auf der Rückseite der fragmentarisch erhaltenen Vorderplatte aus dem 17. Jh. befindet sich eine Ersatzplatte, die nach 1945 angefertigt wurde; **Dobrosz** (Debora), Tochter des Rabbiners Nathan Spira. Gestorben 1642. Sarkophag-Grabmal; mit der fragmentarisch erhaltenen Vorderplatte aus dem 17. Jh., auf deren Rückseite befindet sich eine Ersatzplatte, die nach 1945 das verloren geglaubte Original ersetzt hat.

2.3.14. Dresel, Tochter des Rabbiners Moses Isserles (Remuh), Ehefrau von Symcha Bunem Meisels. Gestorben vor 1560. Ersatzgrabmal aus dem Ende des 19. Jhs.

2.3.15. Malka, Mutter des Rabbiners Moses Isserles (Remuh). Gestorben 1552. Ersatzgrabmal aus dem Ende des 19. Jhs.

2.3.16. Mordechaj Saba, Sohn von Jakub, genannt **Singer**, Kabbalist und Kenner der hebräischen Grammatik, Rektor der Krakauer rabbinischen Hochschule nach Moses Isserles in den Jahren 1572 – 1576. Gestorben 1576. Sarkophag-Grabmal, zweiteilig, mit einer Kastenuntermauerung und einem hohen Sattelaufsatz. Die senkrechte Vorderplatte mit einer tief eingearbeiteten Inschrift wurde im 19. Jh. umgearbeitet. Ausschnitt der Inschrift: *Dieser Grabstein verewigt seine Seele, die sanft verschied. Es* *ist auch ein ersichtliches Zeugnis, dass seine Gerechtigkeit ewig dauert. Von Mordechaj bis Mordechaj ist keiner erstanden wie [dieser] Mordechaj.*

Grabmal von Mordechaj Saba

2.3.27. Eliezer Aschkenazy (1512 – 85), Sohn von Elias, Rabbiner in Kairo, Famagusta auf Zypern und in Posen, Arzt und Gelehrter, Verfasser des Werkes *Maasej Adonaj (Werke des Herrn)*. In Krakau erfüllte er scheinbar keine amtlichen Funktionen. Der Legende nach wurde er durch ein Wunder in der Passahnacht während des Seders aus Kairo nach Krakau gebracht und das Passahmahl verzehrte er schon in dem neuen polnischen Haus.

Grabmal von Eliezer Aschkenazy

III. Sektor

(Grabmäler in der ersten Reihe an der Mauer von der Seite der Jakuba-Straße).

3.1.4. Joel Sirkes (1561 – 1640), genannt **Bach**, Krakauer Rabbiner in den Jahren 1618 – 1640 und Rektor der Krakauer rabbinischen Hochschule. Er war ein ausgezeichneter Talmudkenner und Verfasser von vielen Werken, u.a. eines umfangreichen Kommentars zu *Arba Turim* von Jacob ben

Ascher (1296 – 1343) mit dem Titel *Bajt Chadasz (Das Neue Haus)*. Nach den Initialen dieses Werkes wurde er allgemein Bach genannt. Ersatzgrabmal aus dem Ende des 18. Jhs., übrigens nicht das einzige Grabmal; in der Nähe befindet sich ein zweites nach 1945 geschaffenes Grabmal, da man das ursprüngliche für verloren gegangen hielt.

Grabmal von Joel Sirkes

3.1.21. Josue ben Josef (1590 – 1648), Rektor der Krakauer rabbinischen Hochschule, Verfasser des Werkes *Meginej Szelomo (Schilder Salomons)*. Ersatzgrabmal aus dem Ende des 19. Jhs.

3.1.22. Josue Heschel, Sohn von Jacob, Krakauer Rabbiner, Rektor der Krakauer rabbinischen Hochschule in den Jahren 1654 – 1663. Ersatzgrabmal angefertigt nach 1945.

3.1.26. Samuel bar Meschulam, Hofarzt der polnischen Könige: Sigismund des Alten und Sigismund Augusts. Er kam nach Krakau aus Italien mit dem Hof der Fürstin Bona Sforza, der späteren Ehefrau des Königs Sigismund des Alten. Gestorben 1552. Grabmal aus Sandstein mit rötlichem Farbton, ohne Verzierungen.

3.1.29. Isaak Lewi, Sohn von Mordechaj, Rabbiner, Vorgesetzter des rabbinischen Gerichts und Rektor der rabbinischen Hochschule in

Grabmal von Isaak Lewi

Krakau in den Jahren 1776 – 1799, Schwiegersohn des berühmten Arie Leib, des Rabbiners in Rzeszów, Lwów (Lemberg) und Amsterdam. Erbitterter Gegner der chassidischen Bewegung, die er mit dem Bannfluch in der Krakauer Alten Synagoge im Jahre 1785 und 1797 belegte. Grabmal aus sog. schwarzem Marmor aus Dębniki mit dem Flachrelief mit einer Schale und Kanne, also den Gefässen, die auf die Zugehörigkeit Isaaks zum Leviten-Stamm hinweisen. 10 Grabdenkmäler weiter steht in derselben Reihe das zweite Grabmal dieses Rabbiners, das nach 1945 als Ersatzgrabmal angefertigt wurde. Ausschnitt der Inschrift: *Die ansehnlichste Zypresse verdorrte, als ihre Zweige ermatteten. Wer wird uns eine Zuflucht bieten, wenn kein Zufluchtsort mehr besteht? Wer wird unsere Seelen in der Wüste sättigen? O, Herr! O, Majestät! Der Gerechte verschied, der Stolz der Welt, die Freude des Geschlechts. Die Erde strahlte von seiner Würde...*

3.1.74 Gerschon Saul Jomtow Lipman Heller (1579 – 1654), Sohn von Nathan. Hervorragender Kenner von Talmud und Mischna, Verfasser von vielen Werken in diesem Bereich, darunter insbesondere *Uzupełnień Jomtowa (Ergänzungen Jomtows)* zu den 6 Ordnungen von Mischna. Er hat auch eine Autobiographie *Megilat ewa (Rolle des Hasses)* geschrieben. Bevor er nach Krakau kam, war er Rabbiner in Wien, Prag und in einigen kleinen Ortschaften Südpolens. Das Amt des Rabbiners in Krakau trat er im Jahre 1643 an. Seit 1648 war er auch Rektor der Krakauer rabbinischen Hochschule. Sarkophag-Grabmal mit senkrechten Platten vorne und hinten, mehrmals renoviert dank Bestrebungen der Gemeinde. An der Vorderplatte befindet sich eine gravierte Darstellung einer Schale mit einer Kanne – dem Symbol der Angehörigkeit des Verstorbenen zum Leviten-Geschlecht.

Grabmal von Lipman Heller

Damit beenden wir die Besichtigung des alten Friedhofs, eines Objektes, das allerlei Bestrebungen verdient, um es als wahres Pantheon des Krakauer Judentums für Nachkommen zu bewahren.

Nach dem Verlassen des alten Friedhofs gehen wir in die Szeroka-Straße, dann biegen wir nach rechts und zwischen den Häusern Nr. 35 und 38 wenden wir uns der Lewkowa-Gasse zu, die entlang der Friedhofsmauer an den Hintergebäuden in der Szeroka-Straße verläuft. Im Hause Nr. 35, das am Anfang dieser Straße auf der linken Seite steht (zurzeit befindet sich hier eine Polizeiwache), blieb ein Gewölbebalken mit einer hebräischen Aufschrift erhalten „Es wird das Zepter von Juda nicht weichen" (1. Mose 49,10), in der auch das Datum 1667 versteckt ist. Von der Lewkowa-Straße biegen wir rechts in die Ciemna-Straße ein, um die vor uns auftauchende Ostwand der Synagoge von Isaak Jakubowicz (Ajzyk Jekeles) und das von Norden anliegende Gebäude des Bethauses Mizrachi aus der Vorkriegszeit zu erblicken. Die kurze Izaak-Straße entlang gelangen wir in die Kupa-Straße, wo sich ein Ausblick auf die Westfassade der Synagoge (Kupa-Straße Nr. 16) bietet.

Die Synagoge von Isaak Jakubowicz (Isaak-Synagoge)

Synagoge von Isaak Jakubowicz, um 1925

Die Synagoge wurde von dem Gemeindesenioren in Kazimierz, Isaak Jakubowicz (Ajzyk Jekeles) gestiftet, der die Baugenehmigung von König Ladislaus IV. (Władysław IV) am 30. April 1638 erlangt genen Fronleichnamkirche sowie des Krakauer Bischofs Jakub Zadzik nicht voran. Endlich wurde sie erst im Jahre 1644 vollendet und geweiht. Es entstand die größte und in der Vergangenheit am prächtig-

Synagoge von Isaak Jakubowicz

hat. In den Jahren 1639 – 1640 ging der Bau der Synagoge wegen eines Protestes des Priesters Marcin Kłoczyński, des Priors der Lateranischen Chorherren an der nahe gele-

sten eingerichtete Synagoge in Kazimierz. Im Vergleich zu den anliegenden in enge Gassen gepressten Gebäuden macht sie den Eindruck eines monumentalen Bauwerks. In

Frauenempore in der Synagoge von Isaak Jakubowicz

der Mitte des 17. Jhs. musste dieser Eindruck noch stärker sein, als das Gelände, auf dem es entstanden ist und das der jüdischen Stadt relativ unlängst angeschlossen wurde, von bescheidenen, vorwiegend hölzernen Häusern bebaut war. Ihre Mauern wurden an den Ecken und Längsseiten auf Strebepfeiler gestützt, mit einem vorspringenden Gesims bekrönt und mit einem Satteldach versehen. Die Mauern bekamen Stichbogenfenster, die regelmäßig je vier von Süden und von Norden und je zwei von Osten und von Westen eingesetzt wurden. Darüber hinaus wurden Halbrundfenster in den dreieckigen Ost- und Westgiebeln eingesetzt. Der Eingang zur Synagoge wurde asymmetrisch in der Südwand angelegt und mit einem in der Krakauer Architektur des 17. Jhs. allgemein angewandten Arkadenportal samt Bossenwerk eingefasst. An der Westfassade befand sich die Außentreppe zur Frauenempore, die ursprünglich wahrscheinlich aus Holz war.

Das geräumige Innere wurde mit einem Tonnengewölbe mit Lünetten und reichen geometrischen Stuckverzierungen versehen, ähnlich denen, die das Gewölbe der Krakauer St.-Markus-Kirche und der Kirche der Dominikanerinnen „Na Gródku" schmücken. Es überdeckte insgesamt den hohen Männersaal (mit der Größe

12x16,90m) sowie – über der Vorhalle im westlichen Teil – die Frauenempore, die sich zum Hauptsaal

legium Medicum, Collegium Iuridicum und im Kloster der Latera-

Fischmarkt vor der Isaak-Synagoge, 1907

mit fünf Arkaden mit toskanischen, auf die Balustrade gestützten Säulen öffnet. Die Loggia in der Isaak-Synagoge ist die prächtigste unter den Krakauer Innenräumen. Sie knüpft an Renaissance-Kreuzgänge an. Die Urheberschaft schreibet man Jan Leitner, dem Schöpfer der Kreuzgänge im Col-

nischen Chorherren an der Fronleichnamkirche in Kazimierz zu.

Zu den herrlichsten architektonischen Elementen der Innenaustattung der Synagoge gehörte die leider nicht erhalten gebliebene Bima. Als deren Vorbild diente die Bima in der Alten Synagoge. Auch ein Altarschrein mit einem in Eisen geschmiedeten verzierten Gitter, das die Plattform mit Treppen vor der Arche umgab, wurde zerstört. Während der Restaurierungsarbeiten in den Jahren 1994 – 1995 wurde die Arche teilweise rekonstruiert. Damals entdeckte man auch Fragmente der Wandmalereien aus der Zeit vom 17. bis zum 20. Jh. Das sind liturgische Texte mit verzierten Einrahmungen. Manche Texte aus dem 17. Jh. wurden identifiziert und teilweise rekonstruiert.

Im 19. Jh. verlegte man den Haupteingang zur Synagoge in die Westfassade. Die auf die Frauenempore führende Außentreppe war einst aus Holz und unter einem kleinen Dach versteckt. Die gegenwärtig zweiläufige Treppe mit Geländern und einem zentralen Arkadengang wurde im Jahre 1924 nach dem Entwurf von Zygmunt Prokesz angefertigt. Der linke Treppenlauf führte auch zum Betsaal, der von diesem Architekten zur selben Zeit an der Nordfassade der Synagoge errichtet wurde. Im Nordteil des Hofes stand ein ebenfalls im Jahre 1924 erbautes Gebäude der Synagogenverwaltung. Es beherbergte ein Kinderheim für Taubstumme. Vor der Synagoge erstreckte sich ein geräumiger Platz, wo sich bis 1939 der Fischmarkt, ein charakteristischer und oft fotografierter Bestandteil der Landschaft im jüdischen Stadtviertel in Kazimierz befand.

Das Schicksal der Synagoge im Zweiten Weltkrieg ist nicht genau bekannt. Für Kultzwecke geschlossen, wurde sie wahrscheinlich schon zu dieser Zeit verwüstet. Im Dezember 1939 wurde hier ein Beamter der Jüdischen Gemeinde, Maksymilian Redlich, von deutschen SS-Soldaten ermordet. Er wurde darum erschossen, weil er deren Befehl verweigerte, das Gotteshaus in Brand zu stecken.

Nach dem Krieg bewohnten sie die aus der UdSSR nach Krakau gekommenen Juden. In den 50er Jahren wurde das Objekt vom Künstlerverband übernommmen und für den eigenen Bedarf renoviert. Nachdem der Verband das Gebäude verlassen hatte, hatte es seit der Mitte der 70er Jahre keinen Benutzer und geriet innerhalb kurzer Zeit in Verfall. Im Jahre 1983 begann die Krakauer Werkstatt für Denkmalrestaurierung mit der Modernisierung des Objektes, um es in eine Spezialwerkstatt für die Restaurierung von Orgelinstrumenten umzugestalten. An der Nordwand der Synagoge wurde das ehemalige Bethaus rekonstruiert. Seit dem Anfang der 90er Jahre befindet sich hier das Jugendbildungszentrum der Jüdischen Ronald R.-Lauder-Stiftung. Zur Jahreswende 1994/95 wurden in der Synagoge die bereits erwähnten Restaurierungsarbeiten, die vom Nationalfonds für Denkmalpflege Krakaus finanziert wurden, durchgeführt. Dank dieser Arbeiten wurde die Synagoge gründlich renoviert. Damals entdeckte man Wandmalereien und die steinerne Einrahmung des Altarschreins, die teilweise rekonstruiert wurden. Künftig soll ebenfalls innen eine Bima aus Stein und Metall rekonstruiert werden. Zurzeit ist die Synagoge im Besitz der Jüdischen Glaubensgemeinde in Krakau. Seit 1997 ist sie den Krakauer Einwohnern und Touristen zugänglich. In den ungewöhnlichen Innenräumen kann man sich Archivfilme über das Leben der Juden in Krakau aus der Vorkriegszeit und über ihre Vernichtung im Zweiten Weltkrieg ansehen.

Die Kupa-Synagoge

Kupa-Synagoge

In der Nähe, an der Ecke Kupa- und Jonatana-Warschauera-Straße (Nr.8) befindet sich die letzte in der Zeit des Bestehens der jüdischen Stadt errichtete Synagoge. Sie wurde mit Hilfe von Mitteln aus der Gemeindekasse (mi-kupat ha-kahal) erbaut und trägt deswegen heute den Namen Kupa. Sie wurde wahrscheinlich in den 40er Jahren des 17. Jhs. vollendet. Dafür spricht die urkundlich bestätigte Information, dass die Zunft der jüdischen Goldschmiede im Jahre 1643 400 Zloty für die Errichtung der Synagoge so-

Ostwand mit der heiligen Arche in der Kupa-Synagoge

wie die Priester- und Levitenbruderschaft im Jahre 1647 einen Betrag für das Schaffen des südlichen Fensters in der Ostwand in der Nähe der Arche gespendet haben. Daran erinnert eine bis heute erhaltene Gedenktafel in der Synagoge.

Die Synagoge wurde am Nordverlauf der städtischen Wehrmauer zwischen der heutigen Jakuba-Straße und dem Nowy-Platz errichtet. Das Gebiet war bereits seit 1609 für die Erweiterung des jüdischen Stadtteils bestimmt und wurde seit 1635 nach und nach aufgekauft. Die Synagoge wurde im Jahre 1663 anlässlich der Überprüfung dieses während des Krieges mit Schweden zerstörten Verlaufs der Stadtmauer erwähnt. Aus der Überprüfung geht hervor, daß die Synagoge von Osten an ein rituelles Schlachthaus grenzte, das an der Ecke der Jakuba-Straße dem jüdischen Friedhof gegenüber lag. Von Westen hingegen grenzte sie an kleine Holzhäuser, die sie von dem in der Nähe des Nowy-Platzes gelegenen Jordan-Palast trennten. Diese Häuser waren wahrscheinlich teilweise mit einem jüdischen Krankenhaus verbunden, das dort noch zu Beginn des 19. Jhs. vorhanden war.

Die Synagoge stieß mit der Nordwand an die Stadtmauer, hinter der sie völlig versteckt war. Ihre ursprüngliche Nutzfläche befand sich 80 cm unterhalb des gegenwärtigen Bodenniveaus. Der einstige Männersaal wurde auf einem quadratischen Grundriss erbaut. Im Nordteil der Synagoge war der Gebetsraum für Frauen untergebracht, der vom Männersaal mit einer Wand mit Lichtdurchlässen getrennt war.

Die wichtigsten architektonischen Elemente des Synagogeninneren – Bima und Altarschrein - knüpften an die aus anderen Krakauer Synagogen bekannten Muster an.

Im 18. Jh. erfüllten die Stadtmauern ihre Wehrfunktion nicht mehr, deshalb konnten die Ringmauern der Synagoge in dieser Zeit erhöht und in die Mauer an der Nordseite Fenster eingebracht werden, die zusätzliches Licht in den Innenraum leiteten. Sicher erhielt der Männersaal damals ein hölzernes Tonnengewölbe, das im Jahre 1829 im Archiv verzeichnet wurde. An der Westwand baute man einen kleinen Flur an und oben errichtete man eine Frauenempore, auf die die hölzerne Außentreppe führte.

In den 30er Jahren des 19. Jhs. wurde die Synagoge gründlich restauriert. An der Westwand wurde ein einstöckiger Anbau errichtet mit einem neuen Flur im Erdgeschoss und mit einer Frauenempore im Obergeschoss. Im Männersaal wurden zwei weitere nördliche und südliche, auf zwei Holzpfeiler gestützte Emporen erbaut. Der Raum bekam eine bis heute erhaltene flache Holzdecke. Das Innere wurde mit neuen Schnitz- und Malereiverzierungen belebt. Die Außenmauern der Synagoge wurden auch restauriert und bekamen eine einheitliche architektonische Form.

In der zweiten Hälfte des 19. Jhs. nahm das Grundstück der Kupa-Synagoge mit einem Garten zwischen der neu entstandenen Miodowa-Straße und der Nordfassade der Synagoge die heutige Gestalt an. In den letzten Jahren des 19. Jhs. kam es zur Erweiterung der Synagoge um ein von Osten angrenzendes, gemauertes Haus. Das Haus wurde völlig umgebaut und übte die Funktion eines zusätzlichen Männerbetsaals im Erdgeschoss sowie eines Frauenbetsaals im Obergeschoss aus.

Weitere bemerkenswerte Modernisierungsarbeiten in der Synagoge sowie Maßnahmen zur Verschönerung der Umgebung fielen in die 20er und 30er Jahre der Zwischenkriegszeit. Damals entstand u.a. eine neue Polychromie an den Wänden des Männersaals. Es wurden ebenfalls neue Malereien an den Füllungen der Balustrade der westlichen Empore geschaffen, die die Sintflut, eine Ansicht von Jerusalem und das Verbanntenschicksal der Juden in Babylon darstellen. Die flache Decke des Raumes wurde mit symmetrischen geometrisch angeordneten Ornamenten mit 12 eingefügten Medaillons mit biblischen Motiven geschmückt. Auf den vier Eckmedaillons wurden Musikinstrumente aus dem Tempel in Jerusalem geschildert. Auf den anderen je zwei an jeder Wand angebrachten Medaillons wurden die Ansichten der Städte (Haifa, Hebron, Tiberiada, Jaffa-Tor) und Bauwerke in Erec Israel dargestellt, die mit der Geschichte und der biblischen Tradition (Eiche Mamre, Klagemauer, Tempel in Jerusalem und Sintflut) verbunden sind. Die Malereidekoration der Synagoge hat keinen hohen künstlerischen Wert. Der Entwerfer und der Ausführende sind unbekannt. Inhaltlich ähnliche Malereien entstanden in der Zwischenkriegszeit auch in anderen Krakauer Synagogen: in der Neuen Synagoge (Remuh-Synagoge), in der Hohen- und Popper-Synagoge. Aber nur diese in der Kupa-Synagoge blieben bis in unsere Zeit erhalten, die dadurch das einzige Beispiel für derartige jüdische Kunst aus dem 20. Jh. in Krakau bilden.

Überreste der Wehrmauer in Kazimierz in der Nähe der Kupa-Synagoge

Während der deutschen Okkupation in den Jahren 1939 – 1945 wurde die Synagoge verwüstet. Die Bima und die Platform mit Treppen und dem Kantorpult vor der Arche wurden völlig zerstört. Die gesamte künstlerische Innenausstattung ist verlorengegangen.

Einige Jahre lang nach dem Ende des Zweiten Weltkriegs fanden wieder Gebetsversammlungen in der Synagoge statt. Sie übte auch andere Funktionen aus. In den Jahren 1946 – 1947 befand sich hier ein Matzenherstellungsbetrieb. In einem der Räume richtete man eine rituelle Geflügelschlächterei ein, die dort bis 1985, d.h. bis zum Tode des Schächters Abraham Lesman funktionierte. Im nordwestlichen

Hinterhaus wohnten die nach 1945 aus der UdSSR gekommenen jüdischen Familien. Die Jüdische Gemeinde in Krakau vermietete die Synagoge nach dem Jahre 1956 einer Täschnergenossenschaft, die diese Räume bis 1991 benutzte. Die uneigentliche Nutzung der Synagoge über diese Jahre trug zur Verschlechterung ihres technischen Zustands bei. In den 90er Jahren des 20. Jhs. wurde die Synagoge von der Jüdischen Gemeinde erneut übernommen. Zur Jahreswende 2000/20001 wurde sie aus Mitteln des Nationalfonds für Denkmalpflege Krakaus gründlich renoviert.

Der Nowy-Platz

Von der Kupa-Synagoge weg begeben wir uns in Richtung des Nowy-Platzes. Wir gehen an einem großen Eckgebäude an der Kreuzung der Warschauera- und Estery-Straße (Nr. 6) vorbei, wo in der Zwischenkriegszeit eine von der Gemeinde unterhaltene Religionsschule Talmud Tora und die Jeschiwa Bejt Meir untergebracht waren.

Nowy-Platz

Das Gebiet des heutigen Nowy-Platzes wurde der jüdischen Stadt im 17. Jh. angeschlossen. Bis zum Jahre 1822 befand sich dort u.a. ein jüdisches Krankenhaus, das sich aus drei kleinen Holzhäusern für Kran-

Nowy-Platz – Sonntagsmarkt

ke und aus Räumen für Personal zusammensetzte, die anstelle der heutigen Häuser Nr. 7, 8 und 9 standen.

Der Nowy-Platz wird bis heute allgemein jüdischer Platz genannt. In seiner Mitte steht eine im Jahre 1900 erbaute runde Markthalle, gewöhnlich Rundbau genannt. Sie wurde im Jahre 1927 von der Stadt der jüdischen Gemeinde für eine rituelle Geflügelschlächterei verpachtet. Die Schlächterei wurde von den Deutschen zu Beginn der Okkupation Krakaus im Zweiten Weltkrieg aufgelöst und der Rundbau wurde wieder zu einer Markthalle.

Um den Platz herum und in den anliegenden Straßen entstanden Cafés mit freundlicher Stimmung und nicht gewöhnlicher Inneneinrichtung. Hier kann man etwas zu sich nehmen und von Zeit zu Zeit eine Vernissage oder ein Konzert besuchen.

Im ersten Stock des Gebäudes in der Estery-Straße Nr. 12, dem Rundbau gegenüber, befand sich das chassidische Bethaus des Zadiks aus Nowy Sącz, Chaim Halberstamm. Zurzeit leistet hier das christliche Bruder-Albert-Haus wohltätige Arbeit.

Zentrum der Jüdischen Kultur im ehemaligen Bethaus Bne Emuna

Ehemaliges Bethaus der Psalmvereinigung an der Ecke der Meiselsa- und Bożego Ciała-Straße

Das Parterrehaus an der Ecke des Nowy-Platzes (Nr. 5) und der Meiselsa-Straße (Nr. 17) ist das einstige Bethaus Bne Emuna, das im Jahre 1886 nach dem Entwurf von Jacek Matusiński erbaut wurde. Nach dem Zweiten Weltkrieg wurde es zu verschiedenen Wirtschaftszwecken u.a. als Tischlerei genutzt. In den Jahren 1988 – 1993 wurde das Gebäude renoviert und nach dem Entwurf von Dariusz Gruszka zum **Zentrum für Jüdische Kultur** der Stiftung Judaica umgestaltet. Das Geld für diesen Zweck stammte vom USA-Kongress sowie in geringerem Maße von der Stadt Krakau. Die Eröffnung des Zentrums fand am 24. November 1993 statt.

Diagonal an der Kreuzung der Meiselsa- (Nr. 18) und Bożego-Ciała-Straße (Nr. 13) steht ein einstöckiges Haus mit einem charakteristischen Rundbogenfries und mit Rundbogenfenstern. Es ist das ehemalige Bethaus der Psalmvereinigung (Chewra Thilim), das im Jahre 1896 nach dem Entwurf von M. Kopold errichtet wurde. In den Räumen des Bethauses hat heute das Gesang- und Tanzensamble „Krakowiacy" seinen Sitz.

Nachdem wir den Nowy-Platz verlassen und eine kurze Strecke der Estery-Straße entlang gehen, bleiben wir in der Miodowa-Straße stehen. Sie wurde im 19. Jh. entlang der einstigen Wehrmauer von Kazimierz angelegt. Mit dieser Straße endete auf dieser Seite das Gebiet der jüdischen Stadt und eine neue Welt begann, die sich von der alten Welt nicht nur durch moderne Architektur unterschied, sondern vor allem durch einen anderen Lebensrhythmus, der in bedeutendem Grade dem Einfluss von Reformströmungen innerhalb der jüdischen Gesellschaft unterlag, die im 19. und 20. Jh. infolge der fortschreitenden Emanzipation und Laizisierung an ihrer Homogenität zu verlieren begann. Ihre Anzeichen waren in der nächsten Umgebung u.a. einige Religions- und Bildungseinrichtungen, die in der zweiten Hälfte des 19. Jhs. und in den ersten Jahrzehnten des 20. Jhs. entstanden sind. Dazu gehörten: die Fortschrittliche Synagoge (der sog. Tempel), Grund-, Berufsschulen und Gymnasien, die von allgemeinen und religiösen zionistischen Kreisen gegründet wurden sowie eine Burse für jüdische an Krakauer Hochschulen studierende Studenten.

Rabina Meiselsa-Straße. Orthodoxer und reformierter Jude auf dem Weg zu ihren Synagogen, 30er Jahre des 20. Jhs.

Die Fortschrittliche Synagoge

Das erste zeitweilige Bethaus der fortschrittlichen Juden entstand in Krakau am Anfang der 40er Jahre des 19. Jhs. Es wurde von Mitgliedern des Religiös-Zivilisatorischen Vereins gegründet, der im Jahre 1840 unter der Leitung von Abraham Gumplowicz entstand. Dem Vereinsstatut nach sollte die-

Fortschrittliche Synagoge, 30er Jahre des 20. Jhs.

se „deutsche Synagoge" (deutsche Schul) der Jugenderziehung und dem Schaffen der breiten Intelligenzschicht dienen. Der Verein stellte einen Prediger als einen geistigen und moralischen Führer sowie einen von dem lokalen Rabbiner unabhängigen Religionslehrer an.

Dieses kleine Gebetshaus hörte allmählich auf, die Bedürfnisse der zunehmenden Gruppe der progressiven Juden zu befriedigen. Daher befasste sich die Synagogenverwaltung seit 1858 mit der Geldsammlung für die Errichtung des eigenen ständigen Gotteshauses. Im November 1860 wurde ein von Ignacy Hercok vorbereiteter Entwurf der neuen Synagoge genehmigt und im Jahre 1862 wurde sie feierlich eröffnet.

Die Synagoge wurde auf einem außerhalb der historischen jüdischen Stadt in Kazimierz liegenden Gelände errichtet, an der Ecke der noch vor dem Synagogenbau ange-

Fortschrittliche Synagoge in der Podbrzezie-Straße, um 1905

Fassade der Fortschrittlichen Synagoge

Arche in der Fortschrittlichen Synagoge

legten Podbrzezie-Straße und der Mitte der 60er Jahre des 19. Jhs. angelegten Miodowa-Straße. Die regelmäßige Gestaltung der Fassade und des Inneren sowie die Auswahl von architektonischen Dekorationsformen sollten der Konzeption gemäß an den Stil von „Tempeln" erinnern , die damals in deutschen Städten und in dem dem damaligen Krakau in vielfacher Hinsicht nahen Wien erbaut wurden. In der ersten Hälfte der 90er Jahre des 19. Jhs. führte man in der Synagoge groß angelegte Umbauarbeiten durch, wodurch sie ihren heutigen Stilcharakter gewann. Infolge der 1882 – 1894 nach dem Entwurf von Beniamin Torbe durchgeführten Arbeiten wurde das Gebäude nach Osten ausgedehnt und die Westfassade wurde umgebaut. Die Wände der Synagoge wurden ein wenig erhöht. Die Seitenwände dehnte man nach Osten aus. Man bewahrte jedoch ihren einstigen Charakter, indem man Zwillingsfenster in beiden Stockwerken eingebracht hat. Der Betsaal wurde von Osten mit einer fünfseitigen Apsis abgeschlossen. An den Süd- und Nordostecken wurden symmetrische Arkadengänge angebaut, die die Treppe und Podeste zur Frau-

Eines der Glasfenster in der Fortschrittlichen Synagoge

engalerie in sich bargen. Die Westfassade erhöhte man um den oberen Teil des gegenwärtigen Giebels. 1898 brachte man eine neue Arche ins Innere der Synagoge, die in ideell-formaler Hinsicht an die christliche Sakralarchitektur anknüpfte. Sie wurde aus Carrara-Marmor geschaffen und von dem Krakauer Bildhauer Fabian Hochstim signiert. Sie wurde von dem Vorsitzenden der Krakauer Jüdischen Gemeinde, Leon Horowitz gestiftet. Die Inneneinrichtung ergänzten Wandmalereien und Stuckdekorationen sowie Glasfenster, die seit 1894 nach und nach eingeführt wurden. Die Glasfenster sind mit den Namen der Stifter und mit dem Datum versehen.

Die heutige Form der Synagoge wurde endgültig im Jahre 1924 gestaltet, als man Seitenschiffe auf dem Parterreniveau anbaute, die kürzer als der alte Rumpf der Synagoge waren. Hier brachte man Zwillingsfenster ein, die hinsichtlich Form und Rhythmus die einstigen Fenster nachahmten, wodurch die stilistische Homogenität des Bauwerks erhalten blieb. In die Fensternischen der Schiffe wurden weitere zeitgenössische Glasfenster eingesetzt.

Die Umbauarbeiten in der Synagoge wurden am Ende des 19. Jhs. und in der Zwischenkriegszeit von den Aufräumearbeiten in deren Umgebung begleitet. Bereits im Jahre 1894 wurde das Objekt von der Seite der Miodowa-Straße her mit einer Umzäunung aus Pfeilern umgeben.

Gottesdienste in der Tempel-Synagoge wurden nach den von deutschen Rabbinern formulierten Grundsätzen abgehalten, die sich in den 40er Jahren des 19. Jhs. während der Konferenzen in Braunschweig, Frankfurt und in Wrocław (Breslau) trafen. Unter formalen Gesichtspunkten ähnelten sie eher den Gottesdiensten in christlichen Gotteshäusern als den Gottesdiensten in den traditionellen Synagogen. Im Tempel führte man allwöchige Predigten ein, die abwechselnd in polnischer und deutscher Sprache von Rednern mit akademischer Bildung gehalten wurden. Der hervorragendste Prediger in dieser Synagoge war Dr. Ossias Thon, der hier seine Predigten seit 1897 bis zu seinem Tode im Jahre 1936 hielt. Die Liturgie in der Synagoge wurde vom Chorgesang

Kammermusikabend in der Fortschrittlichen Synagoge

Gilbert Levine dirigiert das Orchester der Krakauer Philharmonie während des Konzertes in der Fortschrittlichen Synagoge

und von Orgelmusik begleitet. In der Zwischenkriegszeit sangen im Chor auch Frauen mit.

In der Zeit der deutschen Besatzung in Krakau in den Jahren 1939 – 1945 richtete man im Tempel eine Lagerstätte und im Nordschiff einen Pferdestall ein. Gleich nach Ende des Zweiten Weltkriegs hielt man in der Synagoge wieder Gottesdienste ab. Neben fortschrittlichen Juden beteten hier auch traditionstreue Juden, deshalb wurde ins Innere des Bethauses die heutige Bima eingeführt. Gleichzeitig richtete man in einem der Hinterhausräume im Garten der Synagoge ein Bethaus für orthodoxe Juden ein. Im Nordteil der Hinterhauserreihen entstand im Jahre 1947 ein Ritualbad.

Gottesdienste in der Tempel-Synagoge wurden nach 1968 nur gelegentlich und seit der Mitte der 80er Jahre fast nicht mehr abgehalten. Nach der Phase der Vergessenheit und der Vernachlässigung wurde das Objekt seit 1995 viele Jahre lang gründlich restauriert, was vom World Monuments Fund und vom Nationalfonds für Denkmalpflege Krakaus finanziert wurde. Die Tempel-Synagoge ist ein Ort, wo traditionsgemäß alljährlich die Eröffnungskonzerte im Rahmen des Festivals der Jüdischen Kultur in Krakau stattfinden.

Von der Synagoge gehen wir die Podbrzezie-Straße entlang. Für einen Augenblick bleiben wir am Haus Nr. 6 stehen, wo in der Zwischenkriegszeit eine Handwerksburse für jüdische Waisenkinder untergebracht war. An der Hauswand ist eine Gedenktafel zur Erinnerung an Sinaj (Zygmunt) Aleksandrowicz (1877 – 1946), den Stadtrat der Stadt Krakau, Philanthropen und Leiter der oben genannten Burse angebracht.

Die nächste Etappe unserer Wanderung entlang der Podbrzezie-Straße ist ein Eckhaus an der Kreuzung der Podbrzezie- und Brzozowa-Straße. An dem Haus sieht man Schilder mit hebräischen und polnischen Texten, die daran erinnern,

Gedenktafel am Gebäude des Hebräischen Gymnasiums an der Ecke der Podbrzezie- und Brzozowa-Straße

Fassade des Bethauses von Salomon Deiches in der Brzozowa-Straße 6

dass hier und in den benachbarten Gebäuden eine Grundschule (Brzozowa-Sraße Nr. 5), das Hebräische Chaim-Hilfstein-Gymnasium (Podbrzezie-Straße Nr. 8-10) und die Handwerksmittelschule (Podbrzezie-Straße Nr. 3) der Jüdischen Gesellschaft der Volks- und Mittelschule in Krakau untergebracht waren. Am Gymnasium unterrichtete man allgemeine Fächer in polnischer Sprache und judaistische Fächer in hebräischer Sprache. Das hohe Ausbildungsniveau verdankte die Schule ihren hervorragenden Lehrern. Darunter sind zu erwähnen: Hirsch Scherer, der Mathematiker und zugleich Schuldirektor; Juliusz Feldhorn, der Polonist, Dichter und Übersetzer der französischen und deutschen Literatur; Chaim Löw, ebenfalls Polonist und Schriftsteller; Joachim Metallman, der Naturwissenschaftler, Dozent an der Jagiellonen-Universität; Benzion Katz, der Hebraist, Lektor für diese Sprache an der Jagiellonen-Universität.

Von der Stelle, an der wir uns jetzt befinden, muss man lediglich einige Meter bis zum Hause in der Brzozowa-Straße Nr. 6 gehen, um auf das im Hinterhof stehende, einstige Bethaus von Salomon Deiches einen Blick zu werfen. Es wurde 1910 nach dem Entwurf von Henryk Lamensdorf erbaut. Das einstöckige Haus hat eine Terrasse im Obergeschoss und eine steinerne Tafel mit den Zehn Geboten am Fassadengiebel.

Chassidischer Rabbi in Kazimierz, 30er Jahre des 20. Jhs.

Von der Brzozowa-Straße gehen wir in die nahe gelegene Berka-Joselewicza-Straße. Am Hause Nr. 5 findet man eine Gedenktafel, die an den einst dort wohnenden Mordechaj Gebirtig, den heute berühmten Volksdichter und Barden der jüdischen Straße erinnert. Gebirtig (Bertig) wurde am 4. Mai 1877 in Krakau geboren. Er wurde am 4. Juni 1942 während der Aussiedlungsaktion der Bewohner des Krakauer Ghettos in die Vernichtungslager ermordet. Er stammte aus einer armen Familie und gehörte sein ganzes Leben lang zu den armen Menschen. Seine Ausbildung schloss er mit dem Besuch von Cheder, der jüdischen Religionsschule ab. Sein Brot verdiente er als Tischler, dann als Möbelerneuerer in der Werkstatt seines Bruders Leon in der Starowiślna-Straße 28. Um 1909 heiratete er Bluma, geborene Lindenbaum, mit der er drei Töchter: Charlotta, Ewa und Leonora hatte. Als ein empfindsamer und künstlerisch begabter Mensch spielte er in einem jüdischen Laientheater und schrieb Gedichte und Lieder, die dann auf jüdischen Straßen gesungen wurden, obwohl damals nur wenige diese mit dem Autor verbanden. Die Melodien zu den Liedern komponierte er alleine. Wahrscheinlich kannte er jedoch keine Noten, deshalb halfen ihm bei deren Aufzeichnung befreundete Musiker, insbesondere der Komponist und Musikwissenschaftler Juliusz Hoffman. Zu den bekanntesten Werken von Gebirtig gehören: *Kinderjorn (Kinderjahre), Rejzele (Rejzele),*

Unzere sztetł brent (Unsere Stadt brennt) und Blajb gezunt mir, Kroke (Bleib gesund mir, Krakau). Viele auf Jiddisch geschriebene Gedichte von Gebirtig wurden von Natan Gross, Jerzy Ficowski und Agnieszka Osiecka ins Polnische übersetzt. In Polen werden seine Lieder u.a. von Gołda Tencer und Sława Przybylska (Gross, Jüdischer Barde) gesungen.

Man sollte noch einen Ort besuchen, wo ein anderer berühmter Krakauer gewohnt und gearbeitet hat. Er befindet sich auf der anderen Seite der Dietla-Straße, die die Stadtteile Kazimierz und Stradom trennt. Das ist ein Haus in der Bogusławskiego-Straße (ehemalige Jasna-Straße) Nr. 5, in dem Dr. Ossias Thon (1870 – 1936), Rabbiner und Prediger in der Fortschrittlichen Synagoge, Publizist und Politiker, Führer der zionistischen Partei und Anführer der Krakauer Juden in der Zwischenkriegszeit wohnte. Auch an diesem Hause hängt eine entsprechende Gedenktafel.

Wir kehren nach Kazimierz zurück und über die Starowiślna-Straße gelangen wir zu deren Kreuzung mit der Miodowa-Straße, dann gehen wir durch einen Tunnel im Eisenbahndamm und erreichen das Tor des neuen jüdischen Friedhofs (Miodowa-Straße Nr. 55).

Der neue jüdische Friedhof

Der sog. neue jüdische Friedhof in Krakau nimmt die Fläche von ca. 19 ha zwischen dem Eisenbahndamm der Linie Krakau – Tarnów und der Miodowa-, Siedleckiego- und Daszyńskiego-Straße ein. Von der Miodowa-Straße ist er mit einer Leichenhalle aus Backstein und einem vom Osten anliegenden einstöckigen Wohnhaus sowie mit der Mauer mit einem Friedhofstor abgeschlossen. Er entstand im Jahre 1800 außerhalb des bebauten Gebietes des damaligen Kazimierzs auf einer Grundfläche, die von der Gemeinde von den Augustianern erworben wurde. Im Jahre 1836 wurde er um ein weiteres Stück des angrenzenden, von den Ordensbrüdern gekauften Geländes erweitert. Noch mehrmals vergrößert, reichte er in der Zwischenkriegszeit dennoch nicht aus, daher erwarb die Gemeinde 1926 ein Grundstück im Bereich des Dorfes Wola Duchacka bei Krakau für den nächsten Friedhof, der am 6. April 1932 geweiht wurde.

Der Friedhof in der Miodowa-Straße war zwar in der Zeit der deutschen Okkupation geschlossen. Aber in der Zeit des Bestehens des Ghettos im Stadtviertel Podgórze in den Jahren 1941 – 1943 wohnte der Wärter Pinkas Ladner mit seiner Familie im Haus am Friedhof. Nach der Auflösung des Ghettos wurde der Wärter im Lager Płaszów interniert und dort im Herbst 1943 erschossen. „Der vermutliche Grund für die Ermordung des Wärters war die Absicht, den Zeugen von „Handelsgeschäften" der Deutschen, die verschiedenen Steinmetzen die wertvollsten Grabdenkmäler verkauften, zu beseitigen. Eine gewisse Anzahl von Grabdenkmälern verschleppte man in das entstehende Lager Płaszów und mit ihnen pflasterte man den Eingang zum Lagerbüro. Manche von ihnen, u.a. das Grabdenkmal von Dr. Ossias Thon, dem Rabbiner und Abgeordneten zum polnischen Parlament vor dem Krieg, fand Ing. Stendig auf dem Gelände des ehemeligen Lagers wieder und sie wurden erneut auf dem Friedhof aufgestellt. Im August 1944 begab sich Ing. Stendig in Begleitung von SS-Männern auf den Friedhof in der Miodowa-Straße, wo er einen Teil der Grabdenkmäler für das Lager wählen sollte. Er stellte damals fest, den ganzen Friedhof entlang, parallel zu den Eisenbahngleisen habe man einen etwa 20m breiten Streifen abgetrennt und ihn für die Errichtung einer Schule für Eisenbahnangestellte bestimmt. Die Grabdenkmäler auf diesem Gelände waren zertrümmert, Gräber geöffnet, Knochen und Kultgegenstände lagen in der aufgewühlten Erde herum". (Bieberstein, *Zagłada /Vernichtung/*, S. 230).

Nach 1957 wurde der Friedhof in der Miodowa-Straße mit Hilfe von Mitteln der amerikanischen Organisation für Judenhilfe Joint Distribution Committee geordnet und dieser jüdische Friedhof funktioniert bis heute in Krakau.

Jedem, der den Friedhof wenigstens einmal besuchte, fällt die Tatsache auf, dass es dort neben den älteren originalen Grabdenkmälern auch eine große Zahl an neuen Grabdenkmälern gibt, mit Inschriften zum Gedenken an Juden, die in den Jahren der Nazi-Okkupation in Vernichtungslagern und in vielen anderen Orten, hauptsächlich in Polen und in anderen Ländern Europas ums Leben gekommen sind. Bruchstücke von älteren zertrümmerten Grabsteinen wurden in die Friedhofsmauer und in die Untermauerung der Friedhofsteile

Denkmal der Nazi-Opfer auf dem Friedhof in der Miodowa-Straße

Leichenhaus am Friedhof in der Miodowa-Straße

von der Seite der Miodowa-Straße eingemauert. Derartige „Mosaike" bilden ein beinahe ständiges Element der erhalten gebliebenen jüdischen Friedhöfe in Polen. Hinter der den Friedhof von der Straße trennenden Mauer, rechts vom Tor errichtete man ein hohes ziemlich gedrungenes viereckiges Denkmal mit einer Verzierung aus schwarzem Marmor mit einer Darstellung des siebenarmigen Leuchters – des Judaismus- und Judensymbols. Es ist das Denkmal „Zum Gedenken an die ermordeten Juden, Opfer der Nazi-Völkermörder in den Jahren 1939 – 1945". Schilder an seinen Wänden verewigen einzelne Menschen sowie ganze Familien der Krakauer Juden, die in jenen Jahren oft unter unbekannten Umständen umgekommen sind. Unter ihnen findet man ein Epitaphium zum Gedenken an den letzten Vorsitzenden der Jüdischen Gemeinde in Krakau vor dem Ausbruch des Zweiten Weltkriegs, den Rechtsanwalt Dr. Rafał Landau und an seine Ehefrau, Rachel, geborene Parnes, die im Jahre 1941 in der UdSSR gestorben sind. In die Denkmalwände baute man auch Bruchstücke von Grabsteinen aus dem 19. Jh. ein, die uns mit teilweise bewahrten hebräischen Inschriften und mit den in Stein gehauenen symbolischen Ornamenten ansprechen.

Durch den Friedhof führt eine breite Hauptallee, die auf der Achse des Leichenhauses und zwischen zwei senkrechten schmalen Alleen verläuft. Die Friedhofsanlage ist aber in bedeutendem Grad durch die Gräber gestört, die in der Nachkriegszeit an freien Stellen in den Durchgängen zwischen den einzelnen Friedhofsteilen entstanden. Die neuesten Gräber entstehen in seinem südwestlichen Teil, der an die Mauer von der Seite des Eisenbahndamms grenzt.

Die ältesten erhalten gebliebenen Grabdenkmäler auf diesem Friedhof stammen aus den 40er Jahren des 19. Jhs. und haben eine traditionelle Form von oben halbkreisförmig abgerundeten Mazews mit hebräischen Inschriften und mit typischen Schilderungen aus der jüdischen Grabsymbolik an deren Bogenfeldern.

Die Grabmäler aus der zweiten Hälfte des 19. Jhs. und Grabdenkmäler aus dem 20. Jh. verloren allmählich die typischen Eigenschaften von Mazews mit ihren symbolischen Ornamenten. Man errichtete sie eher in Übereinstimmung mit den damaligen Kunst- und Modeströmungen, so dass sie sich von Grabdenkmälern auf christlichen Friedhöfen fast nicht mehr unterschieden. Eine neue Erscheinung waren auch deutsch- und polnischsprachige Grabinschriften, ein Anzeichen für neue Tendenzen unter den Krakauer Juden – für Laizisierung und kulturelle Assimilation.

Den Friedhof in der Miodowa-Straße beschrieb in der Zwischenkriegszeit Majer Bałaban und zählte ca. 50 dort bestattete Persönlichkeiten auf: Rabbiner aus und außerhalb von Krakau, Dajanen, Theoretiker des Chassidismus, Gelehrte aus der Zeit der Haskala, Hebraisten, Ärzte, Wissenschaftler, Politiker und Künstler. (Bałaban, *Przewodnik /Stadtführer/*, S. 103–106). Die Grabdenkmäler der Mehrheit von ihnen sind nicht mehr vorhanden – sie wurden während der deutschen Okkupation zerstört.

Wir gehen die Hauptallee des Friedhofs entlang von der Seite der Leichenhalle und stoßen auf die Grabdenkmäler von u.a.: Maciej Jakubowicz (gestorben 1979) und Czesław Jakubowicz (gestorben 1997), Vorsitzende der Jüdischen Gemeinde in Krakau in den für die jüdische Gemeinschaft schwierigen Jahren nach dem Zweiten Weltkrig;

Grabmäle von Maciej und Czesław Jakubowicz

Grabmal von Ossias Thon

Jakub Drobner (1827-96), dem Arzt und Teilnehmer des Januaraufstands; Aron Kirschner (1849-1908), dem Chefarzt des israelitischen Krankenhauses in Krakau; Samuel Stendig, dem Philologen, Lehrer am Hebräischen Gymnasium und Direktor der Handelsschule, Publizisten, Verfasser von Broschüren, die zionistische Ideen verbreiteten, ermordet von Nazis in Lemberg (Lwów) 1942 (ein symbolisches Grabdenkmal, das nach dem Kriege von Ing. Jakub Stendig aufgestellt wurde). Kurz vorher gehen wir an dem großen Marmorgrabmal von Dr. Ossias Thon (1870-1936), einer für polnische und Krakauer Juden wichtigen Persönlichkeit, vorbei. Er kam aus Lemberg, studierte Philosophie und Soziologie an der Universität in Berlin bei Georg Simmel. Er kam nach Krakau im Jahre 1897, um die Funktion des Predigers in der Fortschrittlichen Synagoge in der Podbrzezie-Straße anzutreten. Von Anfang an gehörte er zu den Führern der sich in Krakau formenden zionistischen Bewegung. In der Zwischenkriegszeit, als Krakau Sitz der Zentrale der Zionistischen Organisation von Westkleinpolen (Małopolska Zachodnia) und Schlesien (Śląsk) war, war er ein absoluter Führer dieser Bewegung. Er vertrat die Interessen der jüdischen Minderheit als Politiker, als er über zwei Wahlperioden Abgeordneter im polnischen Parlament war und als Publizist, als er regelmäßig in vielen jüdischen Zeitungen, insbesondere in der polnischsprachigen Krakauer Zeitung „Neue Tageszeitung" („Nowy Dziennik") schrieb.

Grabmal von Maurycy Gottlieb

Grabmal von Jonathan Warschauer

In den Friedhofsteilen an der Allee, die sich senkrecht mit der Hauptallee verbindet und die parallel zur Friedhofsmauer entlang der Daszyńskiego-Straße verläuft, wurden u.a. bestattet: der Maler Maurycy Gottlieb (1856-79), der Arzt Jonathan Warschauer (1820-88) und der Philologe Leon Sternbach (1884-1940). Daneben steht das Grabdenkmal des Krakauer Photographen Ignacy Krieger (1817-89), des Schöpfers von tausenden heute hochgeschätzten Dokumentaraufnahmen mit Architektur- und Kunstdenkmälern, Ansichten von Krakau und Porträts von Einwohnern der Stadt und der Umgebung, darunter auch von Krakauer Juden.

Im Westteil des Friedhofs ruhen unter anderem Krakauer Rabbiner: Simon Schreiber (Sofer), Krakauer Rabbiner in den Jahren 1860-83, Führer der galizischen Partei der Orthodoxen Machzike Ha-dat; Josef Nehemia Kornitzer, der Enkel von Simon Schreiber, Krakauer Rabbiner in den Jahren 1925-33; Samuel Schmelkes Kornitzer, Sohn von Josef, Rabbiner ermordet im Jahre 1940 in Auschwitz-Birkenau; Saul Raphael Landau, Rabbiner der chassidischen Partei in Krakau in der ersten Hälfte des 19. Jhs., gestorben 1854; Kalman Epstein, einer der ersten Anhänger des Chassidismus in Krakau, gestorben 1823; Aron Epstein, Sohn von Kalman, Anführer von Chassidim in Krakau, gestorben 1882.

Grabmäle von Kalman und Aron Epstein

Grabmal von Józef Sare

Im Friedhofsteil, der dem Eisenbahndamm am nächsten gelegenen ist, befinden sich die jüngsten Grabsteine. Hier ruhen unter anderem: der Baumeister Józef Sare (1850-1929), er war der erste jüdische Vizepräsident der Stadt Krakau in den Jahren 1905-1929, der Maler Artur Markowicz (1872-1934), Schöpfer von ausgezeichneten Pastellbildern, die die bunte Welt der Krakauer Juden schilderten; die Kunsthistorikerin Zofia Ameisen (1897-1967), Professorin an der Jagiellonen-Universität und Kustos der Jagiellonen-Bibliothek; der Redakteur der „Neuen Tageszeitung" („Nowy Dziennik") Wilhelm Berkelhammer (gestorben 1934); der Dirigent und Komponist Jerzy Gert (1908-69).

Der neue Friedhof war die vorletzte Etappe der Besichtigung von jüdischen Denkmälern in Krakau. Es bleibt nur noch ein kurzer Spaziergang in die Przemyska-Straße, zu der der kürzeste Weg vom Friedhof über die Halicka-Straße den Eisenbahndamm entlang führt. In der Przemyska-Straße Nr. 3 befindet sich das einstige **Jüdische Studentenheim**. Das Haus wurde in den Jahren 1924-26 auf Initiative der Krakauer Filiale der Vereinigung „Bnei Brith" – „Solidarność" (Solidarität) sowie des Verbandes der Jüdischen Studenten der Jagiellonen-Universität „Ognisko" (Feuerstelle) erbaut. Die Mittel für die Errichtung des Hauses stammten von der Universität und von Spenden der Krakauer Juden. Das Objekt entstand nach dem Entwurf des Architekten Adolf Siódmak, die Inneneinrichtung hingegen nach dem Entwurf des Architekten Tobias Wexner, der ebenfalls die Bauarbeiten geleitet hat. In diesem vierstöckigen Gebäude richtete man 2- und 3-Bettzimmer für ca. 140 Studenten, einen geräumigen Repräsentationssaal im ersten Stock, eine Bibliothek, eine Kunstwerkstatt im Dachgeschoss, eine Küche und eine Mensa sowie not-

Grabmal von Jerzy Gert

wendige sanitäre Einrichtungen (Duschbad, Waschbecken in den Zimmern) ein.

Das Jüdische Studentenheim wurde zu einem wichtigen Zentrum des gesellschaftlich-kulturellen Lebens der jüdischen Gemeinschaft in Krakau. In den 30er Jahren wurden oft in den Repräsentationsräumen die Arbeiten von Mitgliedern des Verbandes der Jüdischen Maler und Bildhauer gezeigt: von Artur Markowicz, Abraham Neuman, Simon Müller, Wilhelm Grünberg, Leon Lewkowicz, Antoni Soldinger, Jakub Glasner, Henryk Hochman und anderen.

Im Oktober 1939 richteten Deutsche in dem von Studenten verlassenen Studentenheim ein Bordell für Soldaten ein (ähnlich wurde auch ein zu Beginn der Okkupation fertig gestelltes jüdisches Altersheim in der Skawińska-Boczna-Straße genutzt).

So wie damals erfüllt das Gebäude auch heute die Funktion des Studentenheimes, in dem Studenten der Musikhochschule in Krakau untergebracht sind.

In der Przemyska-Straße beenden wir unsere Begegnung mit den jüdischen Denkmälern in Krakau. Noch nicht zu Ende ist jedoch unsere Begegnung mit der Geschichte der Krakauer Juden, genauer gesagt, mit einem wichtigen Abschnitt der jüngsten Geschichte – mit der Shoah. Wir verlassen Kazimierz. Über die Starowiślna-Straße gelangen wir über die Weichselbrücke zum Stadtteil Podgórze, wo sich die wichtigsten Etappen der Vernichtung der Krakauer Juden abspielten. Dort finden wir auch Spuren-Andenken von diesen tragischen Ereignissen wieder.

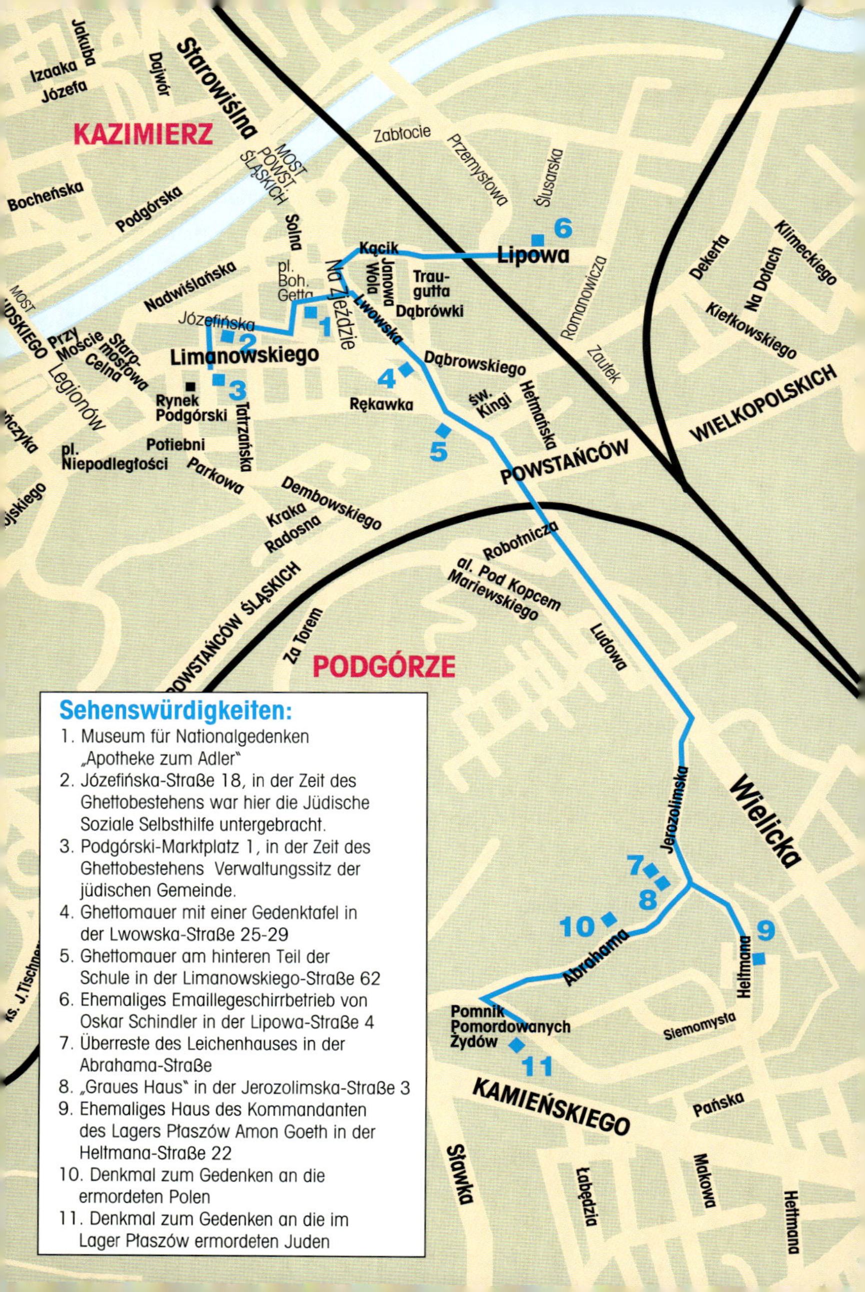

Sehenswürdigkeiten:

1. Museum für Nationalgedenken „Apotheke zum Adler"
2. Józefińska-Straße 18, in der Zeit des Ghettobestehens war hier die Jüdische Soziale Selbsthilfe untergebracht.
3. Podgórski-Marktplatz 1, in der Zeit des Ghettobestehens Verwaltungssitz der jüdischen Gemeinde.
4. Ghettomauer mit einer Gedenktafel in der Lwowska-Straße 25-29
5. Ghettomauer am hinteren Teil der Schule in der Limanowskiego-Straße 62
6. Ehemaliges Emaillegeschirrbetrieb von Oskar Schindler in der Lipowa-Straße 4
7. Überreste des Leichenhauses in der Abrahama-Straße
8. „Graues Haus" in der Jerozolimska-Straße 3
9. Ehemaliges Haus des Kommandanten des Lagers Płaszów Amon Goeth in der Heltmana-Straße 22
10. Denkmal zum Gedenken an die ermordeten Polen
11. Denkmal zum Gedenken an die im Lager Płaszów ermordeten Juden

III. ROUTE:

BOHATERÓW-GETTA-PLATZ – PŁASZÓW

Allgemeine Ansicht des Konzentrationslagers in Płaszów

Gleich hinter der Weichselbrücke erstreckt sich der Bohaterów-Getta-Platz, in der Vorkriegszeit Zgody-Platz, wo die Juden vor den Deportationen aus dem Ghetto in die Konzentrations- und Vernichtungslager, hauptsächlich nach Bełżec und Auschwitz-Birkenau zusammengetrieben wurden.

Vor dem Ausbruch des Zweiten Weltkrieges wohnten in Krakau über 64 000 Juden (ca 25% der Gesamtbevölkerung der Stadt). Etwa 48 000 von ihnen mussten Krakau während der Zwangsaussiedlungen in der zweiten Jahreshälfte 1940 und Anfang 1941 verlassen. Die übrigen wurden von Deutschen im Ghetto eingesperrt, das in dem am rechten Weichselufer gelegenen

Haupteingang zum Krakauer Ghetto von der Seite des Podgórski-Marktplatzes, um 1942

Ghettomauer an der Mündung der Rękawka- und Limanowskiego-Straße

Stadtviertel Krakaus – Podgórze eingerichtet wurde. Bis zum 20. März 1941 sind dorthin 15 999 Juden geraten. In der Zeit des Ghettobestehens schwankte die Anzahl seiner Bewohner und betrug zeitweilig bis zu 18 000. Sie wurden in 320 Gebäuden, vorwiegend in Parterre- oder einstöckigen Häusern zusammengepfercht. Das Ghettogelände wurde mit einer hohen Mauer mit vier Eingangstoren umgeben. Das Haupteingangstor schloss das Ghetto am Podgórski-Marktplatz ab. Es war mit einem sehr großen Davidstern und einer jiddischer Aufschrift versehen: *Jidiszer wojnbecirk* – Jüdischer Wohnbezirk. Durch das Ghettogelände verlief eine Straßenbahnlinie. Die Straßenbahn fuhr dort ohne Halt.

Nach einiger Zeit wurden alle jüdischen Institutionen wie: Gemeindeverwaltung (Judenrat), Krankenhaus, Jüdische Soziale Selbsthilfe, Waisenhäuser und darüber hinaus die Filiale des deutschen Arbeitsamtes, Post, Apotheke und andere ins Ghettogelände verlagert.

Im Juni und Oktober 1942 erfolgten Massenaussiedlungen aus dem Ghetto in die Vernichtungslager und das Ghettogelände wurde jedesmal kleiner. Am 13. und 14. März begann die Liquidierung des

Liquidation des Krakauer Ghettos. Kolonne von Aussiedlern in der Lwowska-Straße auf dem Weg zum Lager in Płaszów, am 13. März 1943

Ghettos; Alte, Kinder und Kranke wurden an Ort und Stelle ermordet oder ins Lager Auschwitz-Birkenau deportiert und Arbeitsfähige wurden im Arbeitslager im nahe gelegenen Stadtteil Płaszów eingesperrt.

Liquidation des Krakauer Ghettos, Lwowska- Straße, am 13.03.1943

Ausstellung in der „Apotheke Zum Adler"

Im Hause Nr. 18 am Bohaterów-Getta-Platz befindet sich das Museum für Nationalgedenken Apotheke Zum Adler, das am 22. April 1983 in der ehemaligen Apotheke Zum Adler gegründet wurde. In den Jahren 1941-1943 befand sich die Apotheke im Bereich des Krakauer Ghettos und während der ganzen Zeit des Ghettobestehens wurde sie von dem polnischen Eigentümer, Tadeusz Pankiewicz, geführt. Er war der einzige Pole, der eine ständige Aufenthaltserlaubnis im jüdischen Stadtviertel von den Deutschen bekommen hat. Tadeusz Pankiewicz war Augenzeuge des alltäglichen Ghettolebens und der Deportationen der Juden vom Zgody-Platz, von dem der Weg in die Vernichtungslager führte. Er ist auch Autor eines erschütternden Buches (*Apotheke im Krakauer Ghetto, Apteka w getcie krakowskim)*, einer Dokumentation der deutschen Gräueltaten, die an den Krakauer Juden begangen wurden. Das Museum beherbergt eine Dauerausstellung, die dem Martyrium der Juden im Zweiten Weltkrieg im Krakauer Ghetto und im Konzentrationslager Płaszów sowie Tadeusz Pankiewicz selbst gewidmet ist.

Im Hause Nr. 6 am Bohaterów-Getta-Platz befand sich in der Zeit

Museum für Nationalgedenken „Apotheke Zum Adler"

des Ghettobestehens der Sitz der Jüdischen Kampforganisation. An der Frontwand des Hauses brachte man eine Gedenktafel mit dem Text an: „Zum Gedenken an die Helden und Märtyrer des Krakauer Ghettos, die von deutschen Barbaren ermordet wurden. In diesem Hause befand sich der Sitz der Jüdischen Kampforganisation. Die Tafel wurde zum 5. Jahrestag der Ghettoliquidation am 13. März 1948 vom Bürgerkomitee eingemauert".

Eine der Hauptstraßen des Ghettos war die Józefińska-Straße. Dort blieben Gebäude erhalten, in denen sich die Filiale des deutschen Arbeitsamtes (Nr. 10), das Waisenhaus (Nr. 12), das jüdisches Krankenhaus (Nr. 14) und die Jüdische Soziale Selbsthilfe (Nr. 18) befanden.

An der Mündung der Limanowskiego-Straße am Podgórski-Marktplatz war der Haupteingang zum Ghetto. Im Eckhaus am

Józefińska-Straße 18. In der Zeit des Ghettobestehens befand sich hier Jüdische Soziale Selbsthilfe

Podgórski-Marktplatz 1. In der Zeit des Ghettobestehens – Verwaltungssitz der Jüdischen Gemeinde

Podgórski-Marktplatz war in der Zeit des Ghettobestehens der Verwaltungssitz der jüdischen Gemeinde (der sog. Judenrat) untergebracht.

Sie setzte keinesfalls die Tätigkeit der Gemeindeverwaltung aus der Vorkriegszeit fort, sondern war Adressat und Ausführer der Befehle von einzelnen Leitern der Polizeiabteilung für Judenangelegenheiten und das einzige Organ, das ihnen gegenüber für die Gesamtheit der Angelegenheiten der jüdischen Bevölkerung verantwortlich war. Eine der Hauptaufgaben der Gemeindeverwaltung war es, Kontingente von Arbeitskräften an verschiedene deutsche Militär- und Zivilinstitutionen zu liefern.

In der Nähe befanden sich zwei Betriebe, die Militäruniformen nähten und jüdische Arbeiter anstellten. Einer von ihnen war der Betrieb von Julius Madritsch (Podgórski-Marktplatz 3) und der zweite Optima, eine Schokoladenfabrik aus der Vorkriegszeit, die zwischen der Węgierska- und Krakusa-Straße (Nr. 7) stand. Der Hof von Optima war vom Leiden der Hunderten von Juden geprägt, die dorthin seit dem 6. Juni 1942 zusammengetrieben wurden und dort zwei Tage und Nächte in empfindlicher Hitze ohne Essen und Trinken bis zu ihrer endgültigen Aussiedlung aus dem Ghetto am 8. Juni zurückgehalten wurden.

Wir kehren auf die Hauptroute unserer Wanderung zurück.

Vom Bohaterów-Getta-Platz wenden wir uns der Lwowska-Straße zu, die früher eine der Haupt-

Gebäude von „Optima"

Ghettomauer mit der Gedenktafel in der Lwowska-Straße 25-29

straßen von Podgórze war und zurzeit nach den Veränderungen des Verkehrssystems eine weniger wichtige Straße ist. Sie verläuft in Richtung Płaszów und diesen Weg gingen im März Kolonnen von Krakauer Juden, die mit einer Eskorte von deutschen Soldaten ins Konzentrationslager Płaszów geführt wurden.

Zwischen den Häusern Nr. 25 und 29 befindet sich eine mehrere Meter lange Strecke einer hohen Mauer mit charakteristischen Rundbögen, die an die halbkreisförmig abgerundeten Grabsteine auf den jüdischen Friedhöfen erinnern. 1983 brachte man dort eine Gedenktafel mit einer Aufschrift in polnischer und jiddischer Sprache an: „Hier haben sie gewohnt und gelitten und sind von Hand der Naziverbrecher gestorben. Von hier aus führte ihr letzter Weg in die Vernichtungslager. Fragment der Mauern aus dem Krakauer Ghetto 1941-1943".

Ghettomauer im hinteren Teil der Schule in der Limanowskiego-Straße 62

Die Lwowska-Straße verbindet sich mit der Limanowskiego-Straße. Am Ausgang der Limanowskiego-Straße endete auch die Ghettogrenze. Die es umgebende Mauer bog nach Westen zum Krzemionki-Hügel ab. Ein Fragment dieser Mauer blieb am hinteren Teil des Gebäudes der Grundschule Nr. 2 in der Limanowskiego-Straße Nr. 62 erhalten. Dieses Mauerfragment ist einige Meter lang, ca. 2m hoch und jedes seiner Segmente ist im oberen Teil – ähnlich wie die Mauer in der Lwowska-Straße – halbkreisförmig abgeschlossen.

Wir verlassen das Ghettogelände. Die Limanowskiego-, dann Wielicka-Straße entlang und danach deren Querstraße Jerozolimska entlang gelangen wir zum Gelände des ehemaligen Konzentrationslagers in Płaszów. (Von der Limanowskiego-Straße fährt man mit einer Straßenbahn zum Podgórski-Friedhof und von dort aus gelangt man auf der rechten Seite der Wielicka-Straße in die Jerozolimska-Straße).

Das Lager Płaszów, ursprünglich ein Zwangsarbeitslager, entstand Ende 1942. In der Endphase umfasste es eine Fläche von 80 ha zwischen der Wielicka- und Swoszowicka-Straße. Es war mit doppeltem Stacheldraht mit Hochspannung umzäunt und alle hundert Meter gab es einen Wachturm. Die Deutschen sperrten dort

Polen und Juden in separaten Sektoren ein. Die Anzahl der polnischen Häftlingen betrug etwa 1000 Menschen und nahm im Sommer 1944 in der Zeit des Warschauer Aufstands erheblich zu. Das gegenüber dem polnischen größere jüdische Lager war in einige Sektoren aufgeteilt: Wohnsektor (separat für Frauen und Männer) mit dem Appellplatz, Industriesektor mit handwerklichen Werkstätten, „Krankenhaussektor" mit einigen Baracken für Kranke, getrennt von den Quarantänebaracken, und Lebensmittelsektor. Außerdem gab es im Lager auch einen Transportsektor mit Autowerkstätten, Pferdestall und Wagenremise und einen Sektor für das Lagerpersonal mit der Kommandantur, Kasernen und Wohnhäusern der Deutschen. Außerhalb des Stacheldrahts erbaute man eine Eisen-

Kolonne von Häftlingen des Lagers Płaszów

bahnstation. Die Häftlinge leisteten Sklavenarbeit in Lagerwerkstätten, im Steinbruch sowie außerhalb des Lagers, u.a. in der nahe gelegenen Kabelfabrik in Płaszów, im Ziegelwerk in Bonarka, auf dem Flughafen in Rakowice und in etlichen Firmen in Zabłocie, unter denen sich auch die Emaillegeschirrfabrik (kurz „Emalia" genannt) des Deutschen Oskar Schindler (Lipowa-Straße 4) befand.

Mitte 1943 wurde das Lager Płaszów zu einer Außenstelle des Konzentrationslagers Majdanek (Lublin) und ab Januar 1944 zu einem eigenständigen Konzentrationslager mit Außenstellen in Mielec und Wieliczka umgewandelt. Darum brachte man Juden aus vielen Ortschaften des Generalgouvernements, in denen Deutsche die Ghettos und kleine Lager (z.B. Tarnów, Mielec, Rzeszów, Drohobycz, Janów, Szebnie bei Jasło) liquidiert hatten, sowie Juden aus Ungarn hierher. Sie wurden von hier aus zur Arbeit in den Rüstungsfabriken im Generalgouvernement (Skarżysko-Kamienna, Starachowice, Pionki, Częstochowa) und ins Reich oder in andere Konzentrationslager (Auschwitz, Mauthausen, Groß-Rosen) verschleppt.

Lipowa-Straße 4 - Emaillegeschirrfabrik von Oskar Schindler

Das Lager Płaszów forderte viele Opfer. Die Häftlinge wurden durch Hunger, Krankheiten, schwere Arbeit und Schläge ausgezehrt und viele hat man hingerichtet. Auf diesem Gebiet befinden sich einige Massengräber, wo einige Tausend Menschen begraben sind. Die Deutschen beabsichtigten, dort Krematorien für menschliche Leichen einzurichten. Sie haben sogar entsprechendes Gerät zusammengebracht, aber sie sind nicht dazu gekommen, dies aufzubauen.

Unter den Mördern des Lagers Płaszów zeichnete sich sein Kommandant Amon Leopold Goeth aus, der persönlich viele Menschen erschossen hat (dasselbe tat er auch während der Auflösung der Ghettos in Krakau, Tarnów und Szebnie), um den Untergebenen zu zeigen, wie man die Häftlinge behandeln soll. Nach dem Krieg leitete man ein Gerichtsverfahren vor dem Obersten Nationalgerichtshof gegen ihn ein. Man hat ihm Morde und Misshandlungen an Menschen nachgewiesen und er wurde zum Tode durch Erhängen verurteilt. Das Urteil wurde in Krakau am 13. September 1946 vollstreckt. Die Zeugenaussagen im Gerichtsverfahren gegen Goeth ergaben, dass das Lager in Płaszów in der Anfangsphase 2000 Insassen hatte. Dann wuchs die Zahl auf ca. 10000 und später auf 25000. Die genaue Anzahl der Juden, die in Płaszów umgekommen sind oder die verschleppt und in anderen Orten ermordet wurden, ist schwer festzustellen. Zum Beispiel die Listen der Juden, die aus dem Lager Płaszów in die Lager nach Auschwitz gebracht wurden, die im Archiv des Staatlichen Museums in Oświęcim aufbewahrt sind, enthalten am häufigsten nur Angaben zu den Menschen, die nach der Ankunft der Transporte nicht sofort in den Gaskammern des Vernichtungslagers Auschwitz-Birkenau umgebracht wurden, sondern die den Lagerhäftlingen angeschlossen wurden und die Lagernummern zugewiesen bekamen. Die Evakuierung des Lagers Płaszów überlebten etwa 2.000 Häftlinge. Diese Zahl umfasst auch die ca. 1.000 Menschen (700 Männer und 300 Frauen), die im Oktober 1944 dank den Bemühungen des Deutschen Oskar Schindler, des Eigentümers der oben genannten, hauptsächlich Juden anstellenden Emaillefabrik in Zabłocie aus Krakau ausgeführt wurden, und in Brünnlitz (Brnenec) im Sudetenland das Kriegsende abwarteten.

Leichenhaus am Friedhof – Abrahama- Straße, 30er Jahre des 20. Jhs.

Das Lager in Płaszów entstand unter anderem an der Stelle zweier jüdischer Friedhöfe (in Krakau und Podgórze), die in der Abrahama-Straße 3 (der neueste Friedhof der Krakauer jüdischen Gemeinde, angelegt 1932) und der Jerozolimska-Straße 25 (Friedhof der jüdischen Gemeinde in Podgórze) gelegen waren. Während des Lageraufbaus in den Jahren 1942-43 wurden die Friedhöfe abgetragen, die Grabsteine verwendete man zur Straßenbefestigung und Barackenuntermauerung. Am Friedhof stand ein monumentales Leichenhaus, das nach dem Entwurf von Ing. Adolf Siódmak erbaut wurde. Das war ein dreiachsiges Bauwerk mit charakteristischen Kuppeln, die seinen zentralen Teil und beide Seitenflügel überdeckten. In einer dieser Kuppeln versteckten die Juden historische liturgische Gegenstände aus den

Ruinen des Leichenhauses

Krakauer Synagogen: Gewebe, Metallgegenstände und etwa 150 Torarollen aus Pergament. Sie wurden vom Sitz der Jüdischen Gemeinde in der Limanowska-Straße 2 auf dem Ghettogelände, wo sie jederzeit beschlagnahmt werden konnten, dorthin überführt. Nach der Entstehung des Lagers richteten die Deutschen im Leichenhaus Pferde-, Rinder- und Schweineställe ein. In späterer Zeit, als man ein Seitengleis der Eisenbahn zum Lager verlegte, wurden die Ställe an einen anderen Ort versetzt und ein Teil des Leichenhauses wurde in die Luft gesprengt. Das Versteck wurde von den Deutschen leider entdeckt. Wertvolle Gegenstände wurden teilweise verbrannt und ein Teil wurde in das Ostdeutsche Institut verschleppt (Stendig, *Dewastacja /Zerstörung/*, S. 189; Bieberstein, *Zagłada /Vernichtung/*, S. 228). Der Rest des Gebäudes wurde um 1946 abgerissen.

Das Gelände des ehemaligen Lagers ist sehr verwahrlost. Es gibt dort keinerlei Informationsschilder, die es ermöglichen würden, das Gelände zu besichtigen und zu den Massengrabstätten und dort vorhandenen Relikten des jüdischen Friedhofs und des Leichenhauses zu ge-

Der letzte Grabmal des Friedhofs der Jüdischen Gemeinde in Podgórze

langen. Die Ruinen des Leichenhauses sind schwer zugänglich und mit einem dichten Wäldchen bewachsen, der als illegale Müllhalde genutzt wird. An die Ruinen kann man über einen Pfad gelangen, dessen Ende gegenüber einem Wohnblock an der Straßenkehre der Jerozolimska-Straße zu sehen ist. Wir gehen diesen Pfad noch 100-200m entlang und gelangen zu den Überresten des Friedhofs der jüdischen Gemeinde in Podgórze. Es sind etliche Grabfundamente übriggeblieben, und lediglich ein Grabstein mit einer Inschrift in hebräischer und polnischer Sprache, die besagt, dass hier Chaim Jakub Abrahamer, Sohn von Isaak Meir, gestorben 1932, bestattet ist.

Diesen Pfad entlang kommen wir in die Jerozolimska-Straße zurück. Wir gelangen zu deren Kreuzung mit der Abrahama-Straße, an der einsam eine einstöckige Villa (Jerozolimska-Straße 3) steht. Das ist ein sog. „graues Haus”, in dem während des Bestehens des Lagers die durch ihre Grausamkeit bekannten SS-Männer: Hujar, Zdrojewski, Landsdorfer, Ekert und Glaser gewohnt haben. In den Kellerräumen war ein Gefängnis untergebracht. Es war kein gewöhnliches Gefängnis, sondern ein wahrer unterirdischer Folterraum. Wer in diesen „Fachbetrieb” eingewiesen

„Graues Haus" in der Jerozolimska-Straße 3

gehen diese Straße entlang und gelangen nach einer Weile zum Mahnmal (errichtet im Jahre 1984) für 13 Polen, die in der ersten Massenexekution in Krakau am 10. September 1939 von den Deutschen ermordet wurden. Auf der linken Seite sehen wir einen Kalkhügel. Dort befand sich der Steinbruch des Lagers Płaszów. Die Steine brachen Häftlinge aus, die in eine Strafkompanie eingewiesen wurden. Die schwere Arbeit des Abtransports

wurde, konnte mit eigenen Kräften nicht mehr heraus" (Bau, *Czas zbezczeszczenia /Zeit der Schändung/*, S. 127). Die Verlängerung der Jerozolimska-Straße bildet die Heltmana-Straße. In der Zeit des Lagers war das die SS-Straße, wo die Häuser von deutschen Offizieren standen, darunter die Villa des Lagerkommandanten Amon Leopold Goeth. Wir biegen rechts hinter dem „grauen Haus" in die nicht befestigte Abrahama-Straße ein. Zu jener Zeit war es die Bergenstraße, die in der Mitte des Lagers verlief. Wie

Ehemaliges Haus des Lagerkommandanten in Płaszów Amon Goeth in der Heltmana-Straße 22

Denkmal zum Gedenken an die im Lager Płaszów ermordeten Juden

des Haufwerks verrichteten Frauen, Jüdinnen und Polinnen, die an eine aus drei kleinen Wagen bestehende Bahn eingespannt waren.

Wir steigen auf den Hügelkamm, gehen parallel zur Abrahama-Straße und schlagen die Richtung zu einem großen Mahnmal am Rande des Hügels ein. Links sieht man ein hohes Kreuz, das an der Stelle eines der Massengräber des Lagers Płaszów aufgestellt wurde. Wir gelangen zum oben erwähnten Denkmal. Dort erblickt man zuerst zwei kleinere Denkmäler. Rechts steht ein von den Krakauer Juden gestiftetes Denkmal. An der in eine Steinplatte eingemauerten Tafel befindet sich folgende Inschrift: "Hier, an diesem Ort, wurden Zehntausende Juden aus Polen und Ungarn in den Jahren 1943-1945 gefoltert, ermordet und eingeäschert. Wir kennen die Namen der Ermordeten nicht. Wir ersetzen sie mit einem Wort – Juden. Hier, an diesem Ort, hat man eines der grausamsten Verbrechen verübt. Die menschliche Sprache kennt keine Worte, um die Niedertracht des Verbrechens auszudrücken. Dessen unglaubliche Bestialität, Rücksichtslosigkeit und Grausamkeit. Wir ersetzen es mit einem Wort – Hitlerregime. Zum Gedenken an die Ermordeten, deren letzter Schrei der Verzweiflung die Stille dieses Friedhofs in Płaszów ist, bringen die aus dem faschistischen Pogrom geretteten Juden ihre Verehrung dar".

Links steht ein im Jahre 2000 enthülltes Denkmal zu Ehren der jüdischen Frauen aus Ungarn, die im Jahre 1944 über das Konzentrationslager in Płaszów auf dem Weg in die Gaskammern im Vernichtungslager Auschwitz-Birkenau gegangen sind.

Das größte Denkmal errichtete man zum Gedenken an die Menschen aller Nationalitäten, die im Lager Płaszów von Deutschen ermordet wurden. Es wurde nach dem Entwurf von Witold Cęckiewicz erbaut und am 4. September 1964 enthüllt. Die Inschrift verkündet: „Zum Gedenken an die Märtyrer, die in den Jahren 1943-45 von den Nazi-Völkermördern ermordet wurden".

Mahnmal zum Gedenken an die Opfer des Lagers in Płaszów

Ars Vitrea

Lesław und Marcin Heine

Ars Vitrea

Pflege und kuenstlerische Herstellung von Buntglasfenstern
Lesław und Marcin Heine
www.witraze.kim.pl

Lesław Heine gehoert zu den fuehrenden Krakauer Kuenstlern, die sich den Buntglasfenstern widmen. Vor Jahren war er Leiter der Werkstatt fuer Pflege von historischen Buntglasfenstern an den staatlichen Werkstaetten für Denkmalspflege (PKZ) in Krakau. Gleichermassen souveraen pflegt und rekonstruiert Lesław Heine die alten, mittelalterlichen sakralen Buntglasfenster, wie auch stellt, nach eigenen und fremden Entwuerfen, die zeitgenoessischen Buntglasfenster her. Dabei bedient sich Lesław Heine sowohl der klassichen Glasmalerei-Techniken, als auch der modernen „Fusing"-Methode, einer Technik der Verarbeitung von geschmolzenem Glas. Er schuf die paepstlichen Wappen in der Wawel-Kathedrale oder das gigantische Logo von „GALERIA KAZIMIERZ" im Krakauer Stadtteil Grzegórzki. Seit 10 Jahren fuehrt Lesław Heine zusammen mit seinem Sohn Marcin sein eigenes Atelier „Ars Vitrea", und seit 5 Jahren eine Galerie seiner eigenen Buntglasfenster im Krakauer Stadtteil Kazimierz. Vater und Sohn Heine pflegten alle beruehmtesten Krakauer Buntglasfenster von Stanisław Wyspiański und Józef Mehoffer; sie konservierten und restaurierten die historischen Buntglasfenster in der Wawel-Kathedrale, Marienkirche, Fronleichnamskirche und St.-Katharinenkirche, in den Basiliken der Dominikaner und Franziskaner sowie im Gebaeude der Medizinischen Gesellschaft und in der "Tempel"-Synagoge.

Galerie: Kraków Stadtteil Kazimierz, ul. Józefa 11
Tel. (+ 48 12) 429 67 85, 0 502 584 742

Atelier: Kraków Stadtteil Wróblowice, ul. Krzyżańskiego 58
Tel. (+ 48 12) 654 97 13, 0 604 444 386

Bibliographische Angaben

Bałaban, *Przewodnik* – Majer Bałaban, *Przewodnik po żydowskich zabytkach Krakowa (Führer zu den jüdischen Kulturdenkmälern Krakaus)*, hrsg. Verein „Solidarność-B'nei B'rith" in Krakau, Krakau – 1935.

Bałaban, *Historia* – Majer Bałaban, *Historia Żydów w Krakowie i na Kazimierzu (Geschichte der Juden in Krakau und Kazimierz)*, Bd.1: 1304-1655, Kraków 1931, Bd. 2: 1656-1868, Krakau 1936, Verlag „Nadzieja".

Bau, *Czas zbezczeszczenia* – Józef Bau, *Czas zbezczeszczenia. Wspomnienia z czasów drugiej wojny światowej (Zeit der Schändung. Erinnerungen aus dem Zweiten Weltkrieg)*, Verlag „Hamena'anea", Tel Aviv 1990.

Bieberstein, *Zagłada* – Aleksander Bieberstein, *Zagłada Żydów w Krakowie (Vernichtung der Juden in Krakau)*, Verlag: Wydawnictwo Literackie, Krakau 1985

Gross, *Żydowski bard* – Natan Gross, *Żydowski bard. Gawęda o życiu i twórczości Mordechaja Gebirtiga (Jüdischer Barde. Erzählung vom Leben und Schaffen von Mordechaj Gebirtig)*, Księgarnia Akademicka, Krakau 2000.

Pankiewicz, *Apteka* – Tadeusz Pankiewicz, *Apteka w getcie krakowskim (Apotheke im Krakauer Ghetto"*, Instytut Wydawniczy „Świat i Wiedza", Krakau 1947.

Stendig, *Dewastacja* – Jakub Stendig, *Dewastacja cmentarzy, bożnic i zabytków zydowskich Krakowa podczas okupacji hitlerowskiej [w] W 3-cią rocznicę zagłady getta w Krakowie (13.III.1943 – 13.III.1946) (Zerstörung von Friedhöfen, Synagogen und jüdischen Denkmälern in Krakau während der Nazi-Okkupation [in:] Zum 3. Jahrestag der Vernichtung des Krakauer Ghettos (13.03.1943 – 13.03.1946)*, Krakau 1946

Anschriften der jüdischen Institutionen sowie der Einrichtungen, die die jüdische Kultur verbreiten

Verwaltung der Jüdischen Glaubensgemeinde in Krakau
ul. Skawińska 2, Tel.: 4295735
Vorsitzender: Tadeusz Jakubowicz
Remuh-Synagoge
ul. Szeroka 40, Tel.: 4221274

Museum Galicia
ul. Dajwór 18, 31-052 Kraków
Tel.: 012 4216842
Leiter und Gründer: Chris Schwarz

Zentrum der Jüdischen Kultur der Stiftung Judaica
ul. Meiselsa 17, Tel.: 4306452, 4306449
Direktor des Zentrums: Robert Gądek
Direktor der Stiftung: Dr. Joachim Russek

Historisches Museum der Stadt Krakau
Abteilung Geschichte und Kultur der Juden
Alte Synagoge, Szeroka 24, Tel.: 4220962, 4310545
Leite: Eugeniusz Duda

Projekt Izaak-Synagoge
Izaak-Synagoge, ul. Kupa 16, Tel.: 4305577
Direktor: Dominik Dybek

Vereinigung Festival der Jüdischen Kultur in Krakau
ul. Józefa 36, 31-056 Kraków, Tel.: 4311517
Direktor: Janusz Makuch

Jagiellonen-Universität
Lehrstuhl Judaistik
ul. Batorego 12, Tel.: 6337058
Leiter: Prof. Edward Dąbrowa

GALICIA
JEWISH MUSEUM

Fotoausstellung "Auf den Spuren des Gedenkens".
Die grösste judaische Buchhandlung in Polen.
Café.
Konzerte, zeitlich befristete Ausstellungen, Treffen mit den Geretteten und Gerechten unter den Nationen der Welt.

Ul. Dajwór 18

31-052 Kraków

tel: (012) 421 68 42

www: http://www.galiciajewishmuseum.org/

Das Museum ist geöffnet:

Von März bis Oktober von 9:00 bis 19:00 Uhr.

Von November bis Februar von 9:30 bis 17:30